Psicologia Nera

Come riconoscere le tecniche di manipolazione mentale e analizzare il linguaggio del corpo per difenderti dalle persone tossiche e narcisiste. Impara a reagire ai manipolatori per ottenere il pieno controllo della tua vita

Riccardo Savi

Sommario

Introduzione

Congratulazioni per aver scaricato *Psicologia Nera: Come riconoscere le tecniche di manipolazione mentale e analizzare il linguaggio del corpo per difenderti dalle persone tossiche e narcisiste. Impara a reagire ai manipolatori per ottenere il pieno controllo della tua vita.*

I seguenti capitoli esamineranno il concetto di psicologia oscura con particolare attenzione ai tratti psicologici tossici come il narcisismo, la psicopatia, il sadismo e il machiavellismo in modo da comprendere le forze trainanti che si nascondono dietro le persone manipolatrici.

Il libro analizzerà tutte le tecniche di manipolazione usando semplici aneddoti, per aiutarti a capire come funzionano quelle tecniche e come qualcuno potrebbe usarle contro di te. Il libro elencherà anche le tendenze comportamentali e i tratti caratteriali dei manipolatori in modo da poter identificare le persone malvagie quando incrociano il tuo percorso, ed approfondirà i metodi nascosti e subdoli che le persone nella tua vita potrebbero usare per influenzarti a tua insaputa.

Faremo un tuffo nella psiche dei manipolatori per aiutarti a capire esattamente perché fanno quello che fanno e quali obiettivi finali hanno in mente quando ti prendono di mira.

Verso la fine, parleremo dei metodi collaudati che le persone possono utilizzare per difendersi dalla manipolazione e dallo sfruttamento. Scoprirai perché l'autostima sarà la **tua miglior difesa** quando hai a che fare con manipolatori psicologici e cosa potrai fare per aumentarla e riprendere il controllo della tua vita.

Capitolo 1: Che Cos'è la Psicologia Nera?

Ci sono molti modi diversi per definire la psicologia nera, ma in questo libro, andremo con il più semplice. La psicologia nera (o oscura) è l'arte e la scienza della manipolazione e del controllo mentale. La psicologia, in generale, cerca di studiare e comprendere il comportamento umano, si concentra sui nostri pensieri, sulle azioni e sul modo in cui interagiamo tra di noi. La psicologia oscura, al contrario, si concentra solo sui tipi di pensieri e azioni che sono di natura predatoria. Essa esamina le tattiche usate dalle persone malintenzionate per motivare, persuadere, manipolare o costringere gli altri ad agire in modi che sono vantaggiosi per loro stessi e potenzialmente dannosi per le altre persone.

La psicologia oscura può essere vista come lo studio della condizione umana, in relazione alla natura psicologica dei diversi tipi di persone che predano gli altri. Il fatto è che ogni singolo essere umano può potenzialmente vittimizzare altre persone o altre creature viventi. Tuttavia, a causa delle norme sociali, della coscienza umana e di altri fattori, la maggior parte degli esseri umani tende a frenare i propri impulsi oscuri e a trattenersi dall'agire. Ciononostante, c'è una piccola percentuale della popolazione che non è in grado di tenere sotto controllo i propri impulsi, e danneggia gli altri in modi apparentemente inimmaginabili.

Il nocciolo della psicologia oscura, come materia, è cercare di capire quei pensieri, sentimenti e percezioni che portano le persone a comportarsi in modo predatorio gli uni verso gli altri. Gli esperti in psicologia oscura lavorano secondo il principio che la stragrande maggioranza delle azioni predatorie umane sono intenzionali. In altre parole, la maggior parte delle persone che predano gli altri (99,99%) lo fanno per ragioni specifiche, mentre le persone rimanenti (0,01%) lo fanno senza alcuna ragione.

Il presupposto è che quando le persone fanno cose cattive, hanno motivazioni specifiche, alcune delle quali possono anche essere razionali. Le persone fanno cose cattive con obiettivi specifici, e solo una piccola frazione della popolazione vittimizza brutalmente gli altri senza uno scopo che può essere ragionevolmente spiegato dalla scienza evolutiva o da qualche forma di dogma religioso.

Hai sentito molte volte il fatto che ognuno di noi ha un lato oscuro. Tutte le culture e i sistemi di credenze riconoscono in una certa misura questo lato come "umano". La nostra società si riferisce ad esso come "il male" mentre alcune culture e religioni sono arrivate a creare esseri mitici a cui attribuire questo male (il diavolo, Satana, i demoni, ecc.). Ma mentre la maggior parte delle persone può fare cose malvagie per ottenere potere, denaro, per punire o per scopi sessuali, ci sono quelle che vengono mosse semplicemente dalla propria natura intrinseca. Commettono atti di orrore senza alcun motivo e causano danni per il piacere di farlo.

La psicologia nera è radicata in 4 tratti della personalità oscura. Questi tratti sono: narcisismo, machiavellismo, psicopatia e sadismo. Le persone con tali tratti tendono ad agire in modi che sono inutilmente dannosi per gli altri.

Diamo un'occhiata ad esempi di come gli aspetti psicologici oscuri si manifestano nel mondo reale:

Gli "I-Predator" sono persone o gruppi di persone che utilizzano la tecnologia moderna per depredare gli altri, direttamente o indirettamente. Come abbiamo detto, ognuno di noi ha un lato oscuro e l'anonimato che Internet offre fa emergere quel lato oscuro. Il risultato è che c'è un numero sempre crescente di persone che cercano di sfruttare, costringere, perseguitare e vittimizzare gli altri online e attraverso l'uso di altri strumenti tecnologici.

Questi predatori sembrano essere guidati da fantasie devianti, che si sentono liberi di mettere in pratica perché Internet consente loro di nascondersi nell'ombra. In altre parole, non sono limitati dalle solite norme sociali che impediscono di rivelare il loro lato oscuro perchè online nessuno conosce la loro reale identità. Queste persone tendono ad avere ogni sorta di pregiudizi e preconcetti, e fanno di tutto per imporli agli altri.

Gli I-Predator sono presenti in diverse forme: ci sono stalker, molestatori, criminali, pervertiti, terroristi, bulli, truffatori e persino troll. Non importa che tipo di predatori siano, tutti hanno la consapevolezza interiore del fatto che stiano danneggiando gli altri. Tendono anche a fare di tutto per coprire le loro tracce, il che significa che non vogliono che le persone che li conoscono nella vita reale scoprano il loro lato deviato.

Anche l'incendio doloso è una manifestazione diversa della psicologia oscura. Alcuni di loro diventano piromani seriali; accendono fuochi regolarmente e in un modo altamente rituale.

I necrofili invece, sono persone sessualmente interessate ai morti; mentre i serial killer sono persone che uccidono per un periodo di tempo prolungato almeno 3 o 4 individui. Queste sono alcune delle manifestazioni più estreme della psicologia oscura e, sebbene siano rare (in funzione dell'intera popolazione), vale comunque la pena discuterne per capire come opera la psicologia oscura. Gli esperti nel campo della psicologia criminale ritengono che i serial killer e altri malfattori siano motivati dalla ricerca della gratificazione psicologica, che possono ottenere solo eseguendo quegli atti brutali.

Per le persone che compiono i peggiori tipi di atti malvagi, questi atti sono come una droga e creano dipendenza in un certo senso. Ad esempio, quando un serial killer ottiene una qualche forma di gratificazione dall'omicidio, potrebbe sentire il bisogno di farlo di nuovo per provare la stessa gratificazione.

Ai fini di questo libro, non discuteremo gli aspetti più crudi della psicologia oscura; ma esamineremo quegli aspetti che più probabilmente potresti sperimentare nella tua vita quotidiana. Vedremo come affrontare le persone narcisiste, sadiche, machiavelliche e psicopatiche. Vedremo perché e come mettono in atto ciò che fanno e cosa puoi fare per evitare di cadere vittima delle loro macchinazioni.

Capitolo 2: I 4 Tratti Psicologici Oscuri

Per molto tempo, gli psicologi hanno definito i tratti oscuri umani come "la triade oscura", tre tratti negativi della personalità: narcisismo, machiavellismo e psicopatia. Tuttavia, negli ultimi anni, molti esperti del settore hanno insistito sul fatto che anche il sadismo dovrebbe essere aggiunto all'elenco dei principali tratti psicologici oscuri.

In questo capitolo daremo un'occhiata a ciascuno dei quattro tratti e li discuteremo nel dettaglio. Prima di esaminarli, è importante però notare che comprenderli è cruciale se si desidera avere una conoscenza funzionale per evitare di essere manipolati da queste persone tossiche. In effetti, la ricerca su questi tratti ha molte applicazioni in diversi campi, tra cui la psicologia clinica. Gli studi dimostrano che le persone che ottengono un punteggio alto quando vengono testate per i quattro tratti hanno maggiori probabilità di commettere crimini, causare problemi all'interno di organizzazioni o aggregamenti sociali, causare angoscia alle persone nella loro vita e alla società in generale. In situazioni di lavoro, può essere importante tenere le persone con tali personalità lontane dalle posizioni di potere.

Incontriamo regolarmente casi di narcisismo, machiavellismo, sadismo e psicopatia non clinica e, se fossimo interessati all'argomento, potremmo essere in grado di notarli. Statisticamente, tutti noi abbiamo questi tratti in noi in una certa misura. Infatti, quando gli psicologi mettono alla prova le persone, usano metodi che presumono che questi tratti esistano in uno spettro. Per prendere il sadismo come esempio, tali test implicano che invece di determinare se le persone siano sadiche o meno, queste vengono divise in persone che hanno alti livelli di sadismo e persone con bassi livelli di sadismo.

Un'altra cosa importante da notare è che alcune delle caratteristiche che vengono mostrate dalle persone con ciascuno dei quattro tratti possono sovrapporsi, e questo può creare confusione, anche per le persone che hanno una formazione professionale in psicologia. Ad esempio, i narcisisti possono comportarsi in modi simili ai machiavellici o ai sadici. Per questo motivo, potrebbe essere difficile dire quale tipo di tratto oscuro ha una persona solo osservandola per un breve periodo di tempo.

Se qualcuno fa qualcosa che è dannoso per gli altri, potresti essere in grado di capire quale tratto oscuro ha la persona esaminando la motivazione o l'entità dell'azione malvagia. Non saltare alle conclusioni; prenditi del tempo per esaminare attentamente il comportamento della persona prima di esprimere un giudizio. Se le azioni della persona sono dannose per te, potrebbe essere difficile rimanere obiettivi, ma è importante ricordare che puoi analizzare in modo appropriato le persone solo se hai una buona comprensione della loro personalità e delle loro motivazioni. Puoi provare a estraniarti dalla situazione e analizzare la persona come un osservatore esterno.

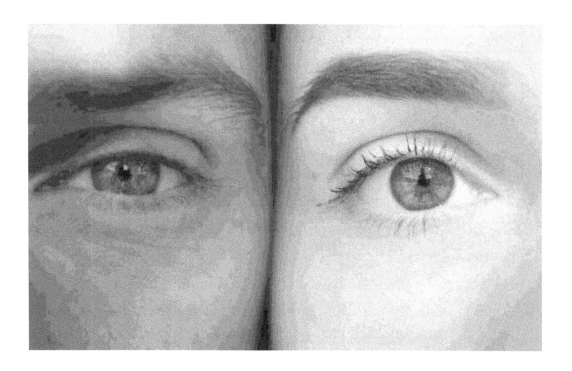

Narcisismo

I narcisisti mostrano alti livelli di superiorità e dominazione e si sentono in diritto di esserlo. Solitamente tendono ad essere persone affascinanti che hanno una visione positiva, motivo per cui sono molto bravi a ingannare le altre persone. Secondo gli psicologi, i narcisisti sono alla ricerca di persone da nutrire nella loro "riserva narcisistica" perché vogliono usare quelle persone per costruire il proprio ego. Inoltre mancano di empatia per gli altri.

Una caratteristica principale che puoi notare nei narcisisti è che sono abbastanza bravi a costruire e coltivare relazioni, e inizialmente possono distrarre le persone dal fatto che agiscono per interesse personale. Tutti tendiamo ad avere tratti narcisistici in misura variabile, ma ci sono pochi tra noi che soffrono di Disturbo Narcisistico della Personalità.

I termini narcisista e narcisismo derivano da Narciso, un personaggio della mitologia greca. Narciso era un cacciatore e un giovane molto attraente. Era così attraente che tutti sembravano innamorarsi di lui. Tuttavia, trattava le persone solo con disprezzo e sdegno e non ricambiava mai l'amore che gli altri gli mostravano. Per questo motivo, fu maledetto da Nemesis (la dea della vendetta) ad innamorarsi del suo riflesso in una pozza d'acqua.

Proprio come Narciso, i narcisisti moderni sono innamorati di se stessi. Tuttavia, gli psicologi hanno scoperto che i narcisisti non amano le versioni reali di se stessi; sono innamorati delle versioni perfette di se stessi, che esistono solo nella loro immaginazione. È facile presumere che i narcisisti abbiano un'alta autostima, ma in realtà non è così; hanno un tipo perverso di considerazione di sè che non si basa sull'accettazione o sull'amare chi sono, ma sull'amare una versione idealizzata e fittizia di se stessi. Quando un narcisista agisce per interesse personale a danno di qualcuno, di solito è alla ricerca di quella grande visione di se stesso, anche se sa per certo che non è reale.

I narcisisti hanno uno smodato senso di importanza personale. Pensano di meritare di essere trattati meglio di chiunque altro intorno a loron e credono che quando ricevono un trattamento favorevole in determinate situazioni, sia per il bene comune. Un narcisista pensa che quando si approfitta di te, ti sta effettivamente facendo un favore. In questo modo, può razionalizzare molti atti egoistici e malvagi. In una relazione, un narcisista penserà a se stesso come più importante e più meritevole dell'altra persona. Sul posto di lavoro, invece, penserà di avere più talento naturale dei suoi colleghi, e quindi meriterà di essere coinvolto in progetti o di essere promosso prima di tutti gli altri.

La cosa interessante del narcisismo è che in alcuni casi può far sì che qualcuno abbia successo, poiché quando una persona narcisista crede di essere più intelligente di chiunque altro, lavorerà sodo per dimostrarlo e, alla fine, potrebbe essere più realizzato nella sua carriera. Quando crederà di dover stare di diritto in una posizione di leadership, trasuderà fiducia nelle persone intorno a lui, che si convinceranno veramente che meriterà di essere il loro leader.

A causa di questo fatto, alcuni hanno sostenuto che il narcisismo potrebbe essere un tratto positivo in una persona etica. Il problema, tuttavia, è che la maggior parte dei narcisisti sembra credere che i propri bisogni vengano prima di quelli di tutti gli altri, quindi prima o poi è probabile che facciano qualcosa di non etico e che tradiscano la fiducia di coloro che li tengono in grande stima. I narcisisti che all'inizio sembrano meritevoli di fiducia si riveleranno spesso arroganti, e se inizialmente sembreranno persone corrette, getteranno l'etica dalla finestra non appena sentiranno che il proprio dominio possa essere minacciato.

I narcisisti credono di essere speciali e, per rafforzare questa convinzione, si circonderanno di persone che tendono ad essere gradevoli ed estroverse. Vogliono stare intorno a persone che convalideranno il loro senso di autostima gonfiato. Ora, anche le persone più compagnone hanno la capacità di individuare i difetti negli altri e, dopo aver trascorso un po 'di tempo con i narcisisti, smetteranno di lodare le azioni negative del narcisista. Per evitare ciò, i narcisisti cercheranno di controllare i pensieri e le azioni delle persone che li circondano.

I narcisisti sono molto controllanti. Controllano le persone in modo sia nascosto che palese. Tentano di manipolare gli altri in modo che continuino a nutrire la loro "riserva narcisistica" e quando le persone cercheranno di rompere questo loro controllo, reagiranno con rabbia o violenza. Nelle relazioni, i narcisisti hanno maggiori probabilità di praticare abusi domestici perché cercheranno di tenere l'altra persona sotto il loro controllo. Al lavoro, agiranno in modo vendicativo perché vorranno punire chi avrà sfidato il loro dominio. Più avanti nel libro, discuteremo dei modi per trattare con le persone narcisiste.

Machiavellismo

Il machiavellismo è un tratto oscuro che coinvolge l'inganno e la manipolazione. I machiavellici tendono ad essere persone molto ciniche (non che siano scettici o abbiano una curiosità dubbia; semplicemente non si preoccupano delle restrizioni morali a cui aderisce il resto della società). Tendono ad essere amorali e interessati a se stessi. Non hanno il senso di ciò che è giusto e ciò che è sbagliato; intraprenderanno qualunque linea di condotta, purché serva i loro interessi.

I machiavellici sono freddi, senza scrupoli e sono naturalmente abili nella manipolazione interpersonale. Credono che la vita sia un gioco e una sfida e che la chiave del successo sia manipolare gli altri. Si avvicinano a tutti i tipi di relazioni con un atteggiamento freddo e calcolatore, e quando desiderano un certo risultato in una data situazione, il fine invariabilmente giustificherà i mezzi.

Il machiavellismo prende il nome da Niccolò Machiavelli, il filosofo e politico italiano meglio conosciuto per aver scritto *Il principe*. Il libro offre consigli su come controllare le masse e manipolare le persone per ottenere potere su di loro. Il libro insegna alle persone ad essere astute, manipolatrici e ingannevoli, purché ottengano ciò che vogliono. Sostiene che nel perseguimento dei propri interessi, è moralmente giustificabile danneggiare gli altri. In questo senso, il machiavellismo è simile al narcisismo perché, in entrambi i tratti, c'è la convinzione di fondo che i propri interessi servano il bene comune, anche se le persone verranno danneggiate nel processo.

Le persone con questi tratti imbroglieranno, mentiranno e danneggeranno gli altri per raggiungere i loro obiettivi. Sono emotivamente distaccati dalle persone che li circondano, quindi se hai una relazione con loro, potresti notare che tutte le tue esperienze saranno superficiali ai loro occhi. E non esiteranno a danneggiare gli altri se è opportuno per loro. Laddove narcisisti, sadici e psicopatici possono danneggiare gli altri per il proprio divertimento, perché mancano di empatia o perché hanno bisogno di soddisfare determinati desideri emotivi, i machiavellici lo faranno per uno scopo razionale e discutibilmente pragmatico. Hanno poca considerazione per il danno emotivo collaterale che si lasciano dietro; infatti, si preoccuperanno delle emozioni degli altri solo se credono che torneranno a perseguitarli.

Le persone normali hanno una forte empatia, il che significa che capiscono come si sentono gli altri e si preoccupano di non influire negativamente sulla sensibilità di coloro che li circondano. I machiavellici, al contrario, non entrano in risonanza con le emozioni degli altri, ma tendono a capire anticipatamente le mosse che è probabile che altri facciano in situazioni specifiche. Di conseguenza, tendono a sembrare ostili, emotivamente distanti e duri.

Alcuni psicologi e antropologi hanno sostenuto che questo tratto della personalità potrebbe essere un vantaggio evolutivo e che, quindi, sia un tratto desiderabile: dal momento che i machiavellici comprendono le reazioni emotive delle persone - il che li aiuta ad affrontare minacce reali e percepite – e possono tecnicamente aggirare l'empatia quando reagiscono alle minacce - il che significa che le loro azioni diventano più efficaci. Se si applica la regola della giungla (sopravvivenza del più forte), allora i machiavellici hanno maggiori probabilità di prosperare. Il problema con questo paragone è che non siamo più nella giungla e la società funziona solo se tutti abbiamo a cuore il benessere degli altri.

I machiavellici sono maestri manipolatori ed è molto probabile che abbiano maggiori probabilità di essere coinvolte in azioni criminali quali appropriazione indebita, schemi piramidali, schemi di truffa azionaria, schemi di estorsione e crimini politici. Si fanno strada verso l'alto manipolando le persone e quando raggiungono posizioni di potere (sia negli affari che in politica), usano le stesse tecniche per manipolare le masse.

Psicopatia

Di tutti i tratti oscuri, la psicopatia è la più malevola. Gli psicopatici hanno livelli molto bassi di empatia, quindi non si preoccupano degli altri. D'altra parte, hanno livelli estremamente elevati di impulsività e sono individui alla ricerca di emozioni forti. Sono insensibili, manipolatori e hanno un accresciuto senso di grandiosità. Cercano emozioni senza preoccuparsi del danno che infliggono agli altri nel processo.

Gli psicopatici sono più difficili da individuare di quanto potresti pensare. Tendono a mantenere le normali apparenze esteriori; anche se mancano di empatia e coscienza, imparano ad agire normalmente osservando le reazioni emotive degli altri. Possono persino sembrare affascinanti quando cercano di manipolarti. Sono volatili e hanno tendenze criminali, anche se non è sempre così.

Tendiamo a pensare agli psicopatici come serial killer, bombardieri, supercriminali e persone pazze certificabili, e il pericolo è che in questo modo dimentichiamo che la maggior parte di loro sono semplicemente normali (almeno da tutte le apparenze) e possono farci del male in altri modi. Le persone a cui piace iniziare a litigare, che ignorano le tue emozioni e che ti mentono costantemente possono rivelarsi psicopatiche.

La psicopatia degli adulti non può essere curata. Tuttavia, quando si osservano tendenze psicopatiche nei bambini e nei giovani, questi possono essere sottoposti a determinati programmi che insegnano loro a essere meno insensibili e più premurosi verso gli altri.

Una cosa fondamentale che devi capire è la differenza tra uno psicopatico e un sociopatico. Nelle conversazioni colloquiali, questi due termini sono spesso usati in modo intercambiabile, ma in psicologia hanno significati diversi. Un sociopatico è una persona che ha tendenze antisociali e queste tendenze sono solitamente il risultato di fattori ambientali. Per esempio, una persona che ha avuto una brutta infanzia può rivelarsi un sociopatico perché non si fida della società in generale, o ha sviluppato alcuni problemi psicologici a causa di una cattiva educazione.

Al contrario, i tratti psicopatici sono innati. Le persone non diventano psicopatiche; ci nascono. Tuttavia, i fattori sociali e ambientali possono contribuire al particolare tipo di psicopatia di una persona. Ad esempio, le persone che sono nate con tratti psicopatici e sono cresciute in un ambiente caotico e violento, hanno maggiori probabilità di avere manifestazioni più pronunciate della loro psicopatia. Gli esperti concordano sul fatto che ci sono tre fattori principali che contribuiscono alla psicopatia; genetica, anatomia del cervello e fattori ambientali.

Come gli altri tratti oscuri, la psicopatia esiste su uno spettro. I medici utilizzano un sistema di valutazione su scala per misurare il livello di psicopatia; tutti rientrano da qualche parte su quella scala, ma le persone con un punteggio di 30 e oltre hanno una psicopatia che sale al livello di significatività clinica. Il Test Psicopatico Hare viene utilizzato dai professionisti della salute mentale per verificare la presenza di psicopatia principalmente nei pazienti clinici e nei criminali, ma se sospetti che qualcuno con cui hai a che fare sia uno psicopatico, puoi trovarlo online e usarlo gratuitamente come guida, se vuoi sapere con certezza se hai davvero a che fare con uno psicopatico.

Sadismo

Come gli altri tre tratti oscuri, il sadismo è caratterizzato dall'insensibilità. I sadici tendono ad avere livelli normali di impulsività e manipolazione, il che spiega perché questo tratto non era originariamente incluso in quella che ora è conosciuta come la "triade oscura". La caratteristica distintiva dei sadici è che amano la crudeltà.

I sadici tendono ad essere normali e funzionali secondo tutte le indicazioni, ma si divertono a fare del male agli altri, e sono intrinsecamente motivati a causare danni. A volte, possono dare la priorità all'infliggere dolore emotivo agli altri anche se ha un costo personale per loro. Trovano che la crudeltà sia piacevole ed eccitante, e alcuni la trovano persino sessualmente stimolante.

Alcuni psicologi hanno notato che i sadici sono spesso attratti da percorsi lavorativi in cui sono autorizzati a danneggiare altre persone usando il loro lavoro come pretesto per le loro azioni. Infatti, molti di loro lavoreranno nelle forze dell'ordine o come militari, ad esempio. Gli psicologi hanno osservato che i livelli di sadismo nelle forze di polizia confrontati con i livelli di sadismo nella popolazione generale, nei primi sono sempre più alti. Questo potrebbe spiegare perché le forze di polizia hanno spesso problemi con alcuni dei loro membri che usano la legge per i propri scopi.

I sadici tendono a infliggere dolore alle persone che li circondano senza motivo, ed è probabile che lo facciano sempre di più, soprattutto quando scoprono che la persona in questione è meno propensa a reagire. Questo spiega perché i bulli, ad esempio, continuano a prendersela con le persone che non reagiscono.

I sadici sono il tipo di persone che rivelerebbero i tuoi segreti ad altre persone anche dopo averti promesso di mantenerli privati perché si divertono quando provi disagio. È anche più probabile che ritraggano gli altri in termini falsi o poco lusinghieri, con l'intenzione di danneggiare la loro reputazione. Mentre i machiavellici possono farlo per portare avanti la loro agenda personale, i sadici lo farebbero perche per loro è divertente. Potrebbero anche lavorare attivamente per farti licenziare dal tuo lavoro o per mettere a repentaglio il tuo successo, non perché vogliono essere più avanti di te, ma solo perché vogliono che tu sia infelice. Possono anche cercare di rovinare le tue relazioni personali; causando disordini nella tua relazione, per poi sedersi e godere del tuo dramma e della tua infelicità.

Puoi sempre individuare un sadico dai commenti e dalle osservazioni che fa online. La maggior parte dei troll di Internet tendono ad essere sadici di tutti i giorni. Faranno commenti negativi praticamente su qualsiasi cosa, non perché credano fortemente nell'opinione che hanno, ma perché vogliono infastidirti o farti arrabbiare. Troveranno sempre qualcosa di negativo da dire anche sulle cose più giuste. Con i troll, più cercherai di combatterli, più si accaniranno contro di te.

Capitolo 3: Tecniche di Manipolazione Psicologica

La manipolazione psicologica è definita come una forma di influenza sociale che cerca di alterare il comportamento e le percezioni degli altri, mediante l'uso di tattiche indirette, ingannevoli e subdole. In altre parole, si tratta di usare certi trucchi per indurre le persone ad agire in un certo modo o a pensare certe cose, di solito a vantaggio di chi sta perpetrando la manipolazione.

La manipolazione psicologica impiega metodi che sono sia subdoli che di sfruttamento, e sono spesso usati da persone che hanno uno o più dei tratti della personalità oscura di cui abbiamo discusso nel capitolo precedente.

Ora, prima di tutto, dobbiamo assicurarci di capire che non tutta la manipolazione psicologica e l'influenza sociale sono negative. È possibile manipolare qualcuno per il suo bene. Ad esempio, i genitori possono manipolare i propri figli facendogli mangiare le verdure. Pur essendo una manipolazione, finisce per far del bene al bambino perché la sua salute migliora. Allo stesso modo, amici, familiari e operatori sanitari possono tentare di influenzarti utilizzando determinate tecniche di manipolazione con l'obiettivo di indurti a fare le scelte giuste in determinate situazioni.

L'influenza sociale è una parte normale e importante del tessuto collettivo. In una sana influenza sociale, non vi è alcun aspetto della coercizione. In altre parole, quando una persona ben intenzionata cercherà di influenzarti e tu resisterai a tale influenza, non ti costringerà a fare ciò che vuole. Tuttavia, nella manipolazione psicologica malsana, il manipolatore ricorrerà spesso a tecniche coercitive se sentirà la tua resistenza alle tecniche più morbide che ha cercato di usare su di te.

Quando le persone malvagie utilizzano tecniche di manipolazione psicologica contro di te, di solito cercano di nascondere la natura aggressiva delle loro intenzioni, quindi devi capire che la maggior parte delle loro tecniche sono progettate per essere sottili. La maggior parte di loro impiegherà anche del tempo per conoscerti e comprendere le tue vulnerabilità psicologiche prima di poter decidere quali tecniche di manipolazione funzioneranno su di te. Ciò significa che solo perché conosci qualcuno da un pò e non l'hai visto cercare di farti del male in alcun modo, non garantisce il fatto che le sue intenzioni siano pure, purtroppo. I migliori manipolatori sono quelli che rivelano le loro intenzioni molto tempo dopo che hai deciso di fidarti di loro.

Ricorda che i manipolatori generalmente hanno una tendenza alla spietatezza, quindi anche se ti trattano bene all'inizio della tua relazione con loro, presta molta attenzione al modo in cui agiscono nei confronti degli altri. Se li vedi usare tecniche di manipolazione contro altre persone, dovresti sapere che è solo questione di tempo prima che arrivino a usare le stesse tecniche contro di te.

In questo capitolo, discuteremo le tecniche di manipolazione psicologica più comuni utilizzate da persone che intendono farti del male o trarre vantaggio da te. È importante comprendere queste tecniche e sapere come funzionano in modo che tu possa essere in grado di individuarle e difenderti da loro.

Gaslighting

Il gaslighting (disorientamento) è una delle tecniche di manipolazione psicologica più letali in circolazione. È qui che un manipolatore cerca di convincere il proprio obiettivo a iniziare a mettere in discussione la propria realtà. Si tratta di convincere qualcuno a dubitare dei propri ricordi e delle proprie percezioni e, invece, di iniziare a fargli credere ciò che il manipolatore vuole fargli credere.

Il manipolatore seminerà il dubbio nella persona in modo che inizi a pensare di ricordare le cose sbagliate o di perdere la sanità mentale. Il gaslighting implica la negazione persistente di cose che sono fatti evidenti. Quando una persona è sottoposta a gaslighting per un lungo periodo, inizierà a diventare instabile e a sentirsi come se le proprie convinzioni fossero illegittime.

Un esempio comune di gaslighting è il caso in cui un molestatore convince la vittima che l'incidente abusivo che ricorda non si è nemmeno verificato. Questo fenomeno è più comune di quanto potresti immaginare e si verifica in tutti i tipi di relazioni. Un coniuge violento potrebbe negare di aver mai abusato di te quando viene affrontato in seguito, negando palesemente che si sono verificati abusi o affermando che non è accaduto e che la tua versione degli eventi è notevolmente esagerata.

Un capo o un collega manipolatore potrebbe prendere di mira un subordinato e in seguito negare che sia andata in quel modo. Qualcuno che ti ha toccato potrebbe in seguito affermare di averti "sfiorato accidentalmente", e potrebbe insistere così tanto, al punto che tu inizierai a pensare che forse ti sei sbagliato.

Potresti chiederti: "Come è possibile? Voglio dire, ho una solida conoscenza della mia realtà e dubito che qualcuno possa convincermi che le mie percezioni sono sbagliate! "

È facile presumere che il gaslighting non funzioni su di te perché sei intelligente o perché sei volitivo, ma la verità è che quando un manipolatore è bravo in quello che sta facendo, potresti anche non capire ciò che sta facendo. Il modo in cui questo processo funziona è che spesso inizia con piccole bugie da parte del manipolatore e piccole concessioni da parte tua.

Supponiamo, ad esempio, che il tuo ragazzo si presenti a un appuntamento con una mezz'ora di ritardo mentre avevate concordato di incontrarvi a un orario specifico, e lui insiste sul fatto che è puntuale e che sei tu ad essere arrivata un pò prima e che ti sbagli sulla tempistica concordata. In quel momento, potresti ignorare questa piccola discrepanza perché sembra irrilevante, ma sarà solo l'inizio. La prossima volta, la bugia diventerà un pò più grande e ti sentirai obbligato a scusarti, perché avendo già lasciato correre qualcos'altro, sembrerebbe incoerente se a questo punto facessi un gran chiasso.

Dopo che il seme iniziale è stato seminato, le bugie inizieranno a crescere e continuerai a fare concessioni e ad accettare cose che sai essere bugie, finché un giorno ti renderai conto di essere senza speranza. Potresti anche non notare quando le piccole bugie si trasformano in bugie più grandi. In ogni fase del percorso, lascerai andare la tua realtà e accetterai la versione delle cose dell'altra persona, e ti ritroverai a fidarti del suo giudizio sul tuo.

In poche parole, il gaslighting implica la desensibilizzazione alla tua realtà, fino a che la verità non diventa ciò che l'altra persona dice che è.

È più probabile che il gaslighting funzioni in situazioni in cui esiste una dinamica di potere tra due persone o tra una persona e un gruppo di persone. In una relazione in cui la vittima è finanziariamente o emotivamente dipendente dal manipolatore, la vittima può accettare di lasciar andare la sua realtà perché è più comodo farlo che opporsi a lui, finendo così di rovinare la relazione. Sul posto di lavoro, un subordinato può accettare le bugie del capo perché ha paura di perdere il lavoro. Una situazione in cui un leader disorienta i suoi seguaci, spesso funziona perché nel profondo, i seguaci vogliono credere a qualunque menzogna il leader stia dicendo loro.

Ci sono diverse tecniche che i gaslighter usano per ottenere una presa soffocante sulle loro vittime. Una di queste tecniche è il **rifiuto**. È qui che il manipolatore si rifiuta di ascoltare ciò che dice la vittima o finge di non capire ciò che sta dicendo. Potresti tirare fuori qualcosa di importante, ma la risposta che otterrai sarà: "Non ricordo nemmeno questa cosa di cui continui a parlare".

Un'altra tecnica di gaslighting si chiama **countering**. È qui che il manipolatore mette in dubbio la memoria della vittima degli eventi in questione. Dirà cose come "Eri ancora sobrio? Perché non è affatto andata così." Il manipolatore continuerà poi ad offrire una versione completamente diversa della storia, in cui si considererà l'eroe o anche la "vera vittima".

I gaslighter usano anche il blocco e la deviazione come tecnica di manipolazione. È così che cambiano la storia o mettono in discussione il modo in cui la vittima sta pensando per evitare di affrontare qualsiasi problema la vittima stia sollevando.

Anche la **banalizzazione** è una tecnica comune di gaslighting. È qui che il manipolatore fa sentire alla vittima che i suoi sentimenti o le sue esigenze non siano così importanti, o che stia semplicemente facendo il drammatico inutilmente. I manipolatori in questi casi possono dire cose come "non gonfiare le cose a dismisura".

Potresti essere in grado di capire se qualcuno ti stia prendendo in giro, se ti accorgi che stai spesso dubitando di te stesso o che le tue convinzioni svaniscono quando interagisci con una certa persona. Se una persona ti fa rimuginare su alcuni difetti del tuo carattere, molto probabilmente ti sta manipolando tramite il gaslighting. Qualcuno che ti dice che sei troppo emotivo potrebbe davvero cercare di farti smettere di fidarti delle tue emozioni. Se ti senti confuso riguardo alla natura della tua relazione, o hai la sensazione che la persona ti stia facendo impazzire o che stai perdendo il controllo quando sei con lui, sta cercando di disorientarti tramite il gaslighting.

Se entri in una stanza con l'intenzione di avere una discussione su qualcosa di specifico, ma pochi istanti dopo, ti ritrovi a discutere con il tuo partner di un argomento completamente diverso, significa che la persona sta deliberatamente vanificando i tuoi sforzi genuini di comunicare, e potrebbe essere un segno di gaslighting.

Se ti senti confuso riguardo alle tue convinzioni, pensieri e sentimenti ogni volta che sei con qualcuno, questo è un chiaro campanello d'allarme. Quando sei sotto controllo, potresti anche scoprire che ti scusi costantemente per "esserti sbagliato" o che stai spesso inventando scuse per te stesso e gli altri per il comportamento del tuo partner.

Proiezione

La proiezione è una tecnica di manipolazione psicologica in cui qualcuno trasferisce le proprie emozioni e i propri errori su di te. Abbiamo tutti una tendenza naturale a proiettare le nostre emozioni negative e sentimenti indesiderabili sulle persone intorno a noi, e questo spesso accade quando ci sentiamo come se fossimo stati messi in difficoltà. Tuttavia, per quanto lo facciamo tutti, i narcisisti e le persone con altri tratti oscuri della personalità tendono a farlo in modo eccessivo e in misura assurda.

Le persone tossiche trovano molto difficile ammettere anche a se stesse che le cose brutte intorno a loro potrebbero essere il risultato delle loro stesse azioni, e trovano sempre persone da incolpare per ogni piccola cosa che accade. Queste persone spesso fanno di tutto per evitare di assumersi la responsabilità delle proprie azioni. Di conseguenza, potrebbero assegnarti il loro comportamento e i loro tratti negativi. Ad esempio, se il tuo capo arriva sempre in ritardo al lavoro, potresti essere sorpreso dal fatto che ti accusi di ritardo anche se sei costantemente puntuale. È più probabile che un cleptomane ti accusi di aver rubato i suoi oggetti personali.

Nelle relazioni, un manipolatore che ti tradisce è più probabile che ti accusi di barare nei suoi confronti o che si comporti in un modo da suggerirti che sospetti che tu lo stia tradendo. Quando una persona ti tradisce, può scegliere di spiarti controllando i tuoi messaggi, le telefonate e le e-mail, ed è più probabile che ti riempia di domande ogni volta che sei in ritardo di qualche minuto. Ora, un buon partner può diventare un pò sospettoso o insicuro se diventi improvvisamente più riservato o assente, ma se il tuo partner inizia a trattarti con sospetto anche se ti comporti in modo del tutto normale, è probabile che sia lui a tradire, e lo stia semplicemente proiettandolo su di te.

I manipolatori tendono a proiettare in parte perché vogliono distruggerti e tenerti sulla difensiva, e questo dà loro un maggiore controllo sulla tua vita. Quando ti accusano di certe cose e senti di dover loro una spiegazione, permetti loro di dominarti; in altre parole, diventa come se loro fossero il tuo "capo" e devi necessariamente rispondere. Mentre cerchi freneticamente di difenderti dalle accuse che ti hanno fatto, fanno quello che vogliono e non hai mai il tempo di accusarli per i loro errori. Contano anche sul fatto che sarebbe strano e infantile se li accusassi della cosa esatta di cui ti hanno già accusato, quindi tolgono la possibilità che tu possa affrontarli sulla base dei sospetti che potresti avere.

Come abbiamo accennato, la proiezione è qualcosa che tutti fanno e questo può complicarti le cose se una persona manipolatrice la usa su di te. Quando qualcuno proietta su di te emozioni negative, potresti avere una naturale inclinazione a proiettare su di lui il tuo senso di empatia e compassione. Questo spiega perché la proiezione funziona così bene come tecnica di manipolazione. Anche quando qualcuno ti sta accusando di fare qualcosa di male, proverai comunque compassione per lui e farai di tutto per rassicurarlo che si sbaglia; ma quando lo fai, avrà vinto, anche se con il tuo aiuto. Quando senti che qualcuno si sta proiettando su di te, la cosa migliore che puoi fare è lasciare da parte le tue emozioni e cercare di rispondere nel modo più razionale possibile.

Isolamento

Abbiamo tutti sistemi di supporto sociale che ci aiutano a far fronte a situazioni difficili e ci impediscono di prendere decisioni negative per noi. Abbiamo amici e familiari che si accorgono quando il nostro comportamento cambia o quando iniziamo a uscire con "persone tossiche" e ci guardano sempre le spalle. I manipolatori lo capiscono e una delle prime cose che faranno quando cercheranno di ottenere il controllo sulla tua vita sarà isolarti.

L'isolamento facilita l'abuso perché elimina qualsiasi aiuto che potresti avere quando qualcuno inizia a essere violento. Chiude le vie di fuga di una vittima e aumenta il loro senso di impotenza. Si assicureranno che quando le cose vanno male, non ci sia nessuno a salvarti. Ciò aumenterà il potere che l'aggressore o il manipolatore ha sulla vittima perché renderà la vittima più dipendente dall'abusante.

L'isolamento della vittima dal mondo esterno è ampiamente utilizzato da tutti i tipi di manipolatori. Quando un leader di una setta cerca di indottrinare le giovani reclute, si assicurerà che siano rinchiuse in modo da poter avere il controllo completo sulle informazioni che ricevono. Lo stesso accade nelle relazioni violente, nel bullismo sul posto di lavoro e in molte altre aree.

Quando un molestatore decide di isolarti, inizierà creando screzi tra te e le persone da cui dipendi. Imparerà tutto sulle dinamiche tra te, la tua famiglia e i tuoi amici e userà le debolezze nei tuoi legami per seminare sfiducia e conflitto. Ad esempio, se un ragazzo sa che sei vicino a tua sorella, ma hai dei conflitti infantili irrisolti con lei, potrebbe provare a riaccendere quei conflitti in modo che tu possa iniziare ad allontanarti.

Sul posto di lavoro, un manipolatore può creare litigi tra te e i tuoi colleghi in modo che smettano di schierarsi con te o guardarti le spalle. Se ti unisci a una setta o a un qualsiasi tipo di gruppo e il leader è un manipolatore, potrebbe insistere per farti tagliare i legami con la tua famiglia e i tuoi amici e farti dipendere solo da altre persone all'interno di quel gruppo.

I rivali negli affari, al lavoro o anche nella tua vita personale possono isolarti diffamando il tuo nome e screditandoti con gli altri membri della comunità. "Dividi e conquista" è anch'essa una forma di isolamento che viene utilizzata soprattutto dalle persone con il tratto machiavellico. In questo caso, il manipolatore utilizzerà l'isolamento come un'arma a doppio taglio per ottenere il controllo su entrambe le parti che verranno separate l'una dall'altra.

Una volta che un molestatore è riuscito a isolarti, porterà i suoi abusi al livello successivo perché sa che non hai nessuno a cui rivolgerti. In effetti, altre tecniche di manipolazione come il gaslighting funzionano ancora più efficacemente quando una persona è isolata.

Dicono che l'amore è cieco e, a volte, all'inizio o nelle relazioni, siamo ciechi ai tratti oscuri delle persone con cui stiamo uscendo. Alcuni manipolatori potrebbero cercare di isolarti dalla prima volta che li incontri. Se inizi ad uscire con qualcuno e noti che non vuole mai uscire da casa tua, o non vuole mai che tu porti con te i tuoi amici in appuntamenti casuali, è probabile che stia cercando di isolarti in modo che tu non possa chiedere ai tuoi amici di dare una valutazione oggettiva del suo carattere.

Sul posto di lavoro, l'isolamento può assumere molte forme diverse. Una persona può isolarti negandoti l'accesso a determinate opportunità, nascondendoti informazioni importanti o tenendoti fuori dal giro su questioni cruciali per le tue prestazioni lavorative.

L'isolamento può anche essere usato da una persona manipolatrice come forma di punizione se non stai facendo quello che vuole. Ad esempio, una persona violenta potrebbe invitare tutti i tuoi amici e i tuoi conoscenti a una riunione senza dirtelo, così ti sentirai escluso e sarai costretto a fare ciò che vuole solo per ottenere un invito al prossimo incontro.

Rinforzo Positivo

Pensiamo sempre al rinforzo positivo come a una cosa buona, ma anche i malintenzionati possono usarlo per manipolare le loro vittime. Il fatto è che tutti usiamo il rinforzo positivo in una forma o nell'altra. I genitori lo usano per convincere i loro figli a comportarsi correttamente, gli insegnanti lo usano per rendere i loro studenti più interessati alla scuola, i capi lo usano per incoraggiare la produttività e i partner lo usano per modificare il comportamento reciproco nelle relazioni. È parte integrante delle nostre interazioni sociali, ma diventa un problema solo quando è dannoso per la persona su cui viene utilizzato.

Il rinforzo positivo si verifica quando uno stimolo buono o desiderabile viene presentato in modo tale da sembrare una conseguenza di un determinato comportamento. Ad esempio, un bambino che mangia le sue verdure riceve una pallina di gelato alla fine del pasto e registra nella sua mente che queste due cose sono strettamente collegate. Un dipendente che lavora sodo e diventa più produttivo ottiene un bonus alla fine del mese e il suo cervello fa il collegamento tra il duro lavoro e il reddito disponibile extra. La prossima volta che la persona dovrà svolgere la stessa attività, ricorderà il sentimento positivo o la ricompensa di prima e intraprenderà una linea di condotta che gli assicurerà un risultato simile.

Quando i manipolatori usano rinforzi positivi, cercano sempre di farti fare cose a loro vantaggio. Ad esempio, una persona violenta in una relazione potrebbe comprarti un regalo dopo un grave incidente violento per impedirti di andartene o denunciarlo. Potresti aver sentito parlare di persone che picchiano i loro coniugi e poi comprano loro dei fiori il giorno successivo. In questi casi, l'aggressore sta cercando di convincerli ad accettare l'abuso come una norma che viene fornita con una ricompensa. Il messaggio qui è che "se stai zitto, ottieni qualcosa di carino".

Il rinforzo positivo viene utilizzato anche dai manipolatori che vogliono che tu sia il loro complice quando si approfittano di una terza parte. I machiavellici sono particolarmente bravi nell'usare questa tecnica. Ad esempio, un capo che si appropria del lavoro di qualcun altro potrebbe offrirti una ricompensa per mantenere il suo segreto.

I manipolatori usano spesso il rinforzo positivo su base incrementale quando vogliono che tu faccia qualcosa contro la tua volontà. L'obiettivo qui è quello di cullarti nell'autocompiacimento. Sanno che una volta accettato un livello base di rinforzo positivo, possono intensificare le cose e spingerti fuori dalla tua zona di comfort.

La forma più semplice e più comunemente usata di rinforzo positivo è un encomio. Quando qualcuno fa di tutto per farti i complimenti in pubblico, potrebbe usare un rinforzo positivo per manipolarti. Ad esempio, quando sei con un gruppo di amici e uno di loro inizia a dire che bravo ragazzo sei, quanto sanno di poter contare su di te, è probabile che ti stia imburrando per chiederti un favore.

Rinforzo Negativo

Il rinforzo negativo è una forma di manipolazione psicologica che viene utilizzata per far sentire le persone obbligate ad agire in determinati modi al fine di evitare determinati livelli di dolore o disagio mentale o fisico. Nel rinforzo positivo, ottieni una ricompensa per aver agito nel modo in cui il manipolatore vuole che tu agisca, e il desiderio di quella ricompensa è ciò che modifica il tuo comportamento in futuro. Il rinforzo negativo è, tuttavia, un po 'più complicato di così.

Per comprendere il concetto di rinforzo negativo, devi prima capire in che modo è diverso dalla punizione. Entrambe sono tecniche di manipolazione popolari, ma c'è una sottile differenza tra loro. Molte persone presumono che siano la stessa cosa, ma non lo sono. Nella punizione, il manipolatore aggiunge qualcosa di negativo quando non agisci in un certo modo. Nel rinforzo negativo, il manipolatore sottrae qualcosa di negativo quando agisci nel modo in cui vuole che tu agisca.

Questa tecnica ha lo scopo di rafforzare le risposte volontarie, mentre la punizione ha lo scopo di indebolirle; il manipolatore sceglierà un metodo o l'altro in base al tipo di risultato che desidera in quella particolare situazione.

Mentre la punizione ha lo scopo di impedire che un determinato comportamento si ripeta, il rinforzo ha lo scopo di incoraggiare il comportamento a ripetersi. Un manipolatore userebbe la punizione per impedirti di fare qualcosa che non vuole che tu faccia. Tuttavia, userà il rinforzo negativo per costringerti a fare (o continuare a fare) qualcosa che vuole. Ad esempio, il fastidio è più una tecnica di rinforzo negativo che una punizione. Quando qualcuno vuole che tu faccia qualcosa, continua a tormentarti per farlo, e il fastidio (che è lo stimolo negativo) si ferma quando obbedisci. Quindi, il rinforzo negativo funziona su di te quando vuoi porre fine a uno stimolo negativo che già esiste, mentre la punizione funziona quando vuoi impedire che accada qualcosa di negativo.

 Ogni volta che qualcuno fa qualcosa di negativo per indurti a prendere una certa linea di condotta è un rinforzo negativo. Ad esempio, immaginiamo che tu stia cercando di rompere con qualcuno, e lui / lei inizi a piangere molto forte in un luogo pubblico finché tu non cambi idea. Ecco che questa persona sta usando il rinforzo negativo per manipolarti (in quel momento, tu senti gli sguardi degli estranei, e pensi che si fermeranno solo se ritorni con il tuo partner).

Anche le **sanzioni** sono una forma molto comune di rinforzo negativo. Spesso sono usate da nazioni potenti per convincere altre nazioni a piegarsi alla loro volontà, ma possono anche essere usate nelle relazioni interpersonali o al lavoro in una forma o nell'altra. Una sanzione è fondamentalmente una minaccia che potrà comportare conseguenze future se non farai qualcosa. Possono essere applicate nei rapporti per il bene comune o per intenzioni dannose; devi saper valutare la situazione individuale per capire se l'uso di sanzioni (o qualsiasi altra tecnica di rinforzo negativo) sia dannoso.

Punizione

Nella manipolazione psicologica, la punizione è un'azione negativa che viene intrapresa dal manipolatore per indebolire le risposte volontarie della vittima. E' una tecnica manipolatoria che funziona perché fa temere alla vittima le conseguenze che potrebbero portare l'andare contro la volontà del manipolatore. Abbiamo già esaminato in che modo la punizione differisce dal rinforzo negativo, ma dobbiamo sottolineare che in alcuni casi queste due tecniche possono sovrapporsi. In questo segmento, daremo uno sguardo ad alcune delle tipologie più comuni di punizione che le persone con tratti di personalità oscura usano per manipolare le loro vittime.

Tormento

Il tormento, noto anche come fastidio o bullismo, è una forma di manipolazione in cui una persona sollecita continuamente un'altra a fare qualcosa, nonostante l'altra persona si sia rifiutata di farlo in precedenza o accetti di farlo in un secondo momento. Un autore ha descritto notoriamente il fastidio come un'interazione in cui una persona fa una richiesta ripeteuta mentre l'altra persona ignora ripetutamente quella richiesta, ed entrambe le persone si infastidiscono mentre la battaglia di volontà si intensifica.

Sebbene abbia connotazioni negative, il fastidio è in realtà parte integrante della comunicazione interpersonale in molte dinamiche sociali. I genitori tormentano i loro figli per convincerli a fare certe cose. In effetti, il fastidio è necessario quando si insegna ai bambini ad assumere determinate abitudini costruttive. Il fastidio può anche essere usato da persone ben intenzionate; amici o partner potrebbero assillarti per fare cose che ti avvantaggiano, o semplicemente per il tuo bene. In effetti, una certa quantità di fastidio è necessaria anche nelle relazioni sane. Tuttavia, le persone con tratti di personalità oscura potrebbero tormentarti per fare cose a loro vantaggio e avere un impatto negativo su di te.

Per capire se la persona che ti assilla ha intenzioni dannose, devi esaminare la situazione individuale. Ti stanno chiedendo di fare qualcosa che avvantaggi solo loro? Il fastidio sembra forte? Rilevi rabbia o minacce esaminando il linguaggio del corpo e nelle parole che scelgono di usare? Stanno cercando di farti sentire in colpa per fare qualcosa che non vuoi fare?

Quando i malintenzionati ti tormentano, di solito c'è "altro" rispetto a ciò che ti stanno chiedendo di fare e se guardi bene, ti renderai conto che è più una pretesa che una richiesta.

Urlare

L'atto di urlare funziona come tecnica di manipolazione per un semplice motivo: ti fa sentire a disagio o spaventato al punto che ti attieni a qualunque cosa il manipolatore voglia che tu faccia. Ci sono due modi principali in cui i manipolatori usano l'urlo per manipolare gli altri. La gente urla per dominarti o per fare la vittima.

Le urla possono essere usate per intimidire qualcuno. Quando una persona manipolatrice ti urla contro, potrebbe cercare di intimidirti perché è più probabile che tu faccia quello che vuole se ne hai paura. Le persone manipolatrici ricorrono a questa tecnica in parte perché in quel momento sanno che non sono in grado di articolare un argomento logico per farti fare quello che vogliono. Sanno che se ti attieni ai fatti, potresti uscirne vincitore, quindi urlano perché vogliono disorientarti e farti perdere il filo del discorso.

Quando una persona alza la voce durante una discussione, è un chiaro segno di crescente ostilità, ma potrebbe anche essere un segno del fatto che ci tiene molto all'argomento della discussione. Devi valutare le urla nel contesto per capire se vengono usate per manipolarti. Proprio come con le altre tecniche di manipolazione, devi analizzare ciò che questa persona vuole ottenere da te.

Quando i manipolatori usano le urla per plagiare la vittima durante un'interazione, spesso (ma non sempre) scelgono di farlo di fronte a un pubblico. Quando una persona (in particolare colei che è percepita come più debole) ti urla in un luogo pubblico, i passanti che non conoscono la storia completa di quello che sta succedendo presumeranno automaticamente che tu stia sbagliando, e questo ti inchioda. Potresti essere costretto ad accettare la richiesta della persona solo per evitare gli occhi di giudizio degli estranei.

Trattamento del Silenzio

Quando una persona applica il trattamento del silenzio con te, essenzialmente sta dicendo: "Ti sto portando via l'amore a meno che tu non faccia quello che voglio". È una forma di punizione progettata per controllare le persone ed è un tipo molto popolare di abuso emotivo.

Il trattamento del silenzio funziona solo nei casi in cui esiste un certo livello di dipendenza emotiva tra le due parti (non ti interessa davvero se un perfetto sconosciuto userà il trattamento del silenzio con te). In alcune dinamiche, può essere utilizzato per farti sentire impotente e invisibile; come se non esistessi nemmeno.

Come esseri sociali, abbiamo bisogno dell'approvazione e dell'affetto degli altri per star bene e sentirsi appagati. Quando qualcuno usa il trattamento del silenzio con te, ti nega quell'affetto, e può disturbarti psicologicamente e costringerti a fare certe concessioni che non saresti disposto a fare altrimenti.

Quindi un manipolatore ti chiederà di fare qualcosa e quando dici di no, inizierà a ignorarti. Non risponderà quando gli parli, e nemmeno alle tue chiamate o ai tuoi messaggi. Alcuni di loro potrebbero persino svanire improvvisamente dalla tua vita o fare di tutto per evitare di essere nello stesso luogo con te. Maggiore è il coinvolgimento emotivo, maggiori saranno le possibilità che tu possa ritrovarti a fare quello che vogliono.

Il trattamento del silenzio è una di quelle cattive abitudini che tendono a intensificarsi con il tempo in una relazione. Se qualcuno userà questa tecnica contro di te una volta e capirà che funziona, inizierà a usarla ogni volta.

Intimidazione

L'intimidazione può essere nascosta o palese, ma in entrambi i casi viene utilizzata dai manipolatori per farti piegare alla loro volontà per paura.

L'intimidazione palese è anche nota come bullismo. È qui che i manipolatori faranno minacce aperte per farti fare ciò che vogliono. Useranno la paura per minacciare di sottometterti, talvolta anche con la violenza fisica. Di solito sono persone rabbiose che hanno problemi con l'autorità.

Coloro che usano l'intimidazione segreta hanno tendenze violente, ma cercano di controllarsi perché sanno benissimo che la società non accetta questo tipo di manifestazioni. Queste persone sono molto pericolose perché sono brave a nascondere la loro vera natura al resto del mondo. Si tratta, ad esempio, di persone che abusano dei loro coniugi in casa ma poi presentano un carattere carismatico al resto del mondo.

Le persone che usano l'intimidazione tendono ad essere molto calcolatrici e sono brave a inventare modi diabolici per punirti se non fai quello che vogliono.

Apprendimento traumatico

L'apprendimento traumatico si riferisce alle singole esperienze che viviamo, che finiscono per plasmare il nostro comportamento in futuro. Questo tipo di esperienza è solitamente traumatizzante e abbastanza potente da servire da deterrente dall'agire in un certo modo per il resto della nostra vita.

In molti casi, l'apprendimento traumatico può avvenire senza che nessuno lo induca o ce lo imponga. Ad esempio, se provi un certo tipo di cibo per la prima volta e poi subisci un grave attacco di intossicazione alimentare, potresti rimanere traumatizzato al punto da evitare di mangiare di nuovo quel cibo in futuro. L'apprendimento traumatico è importante per gli esseri umani e tutti gli animali perché è fondamentale per la sopravvivenza. Quando eravamo ancora cacciatori e raccoglitori, l'apprendimento traumatico ci aiutava a evitare cibi velenosi o situazioni pericolose.

Le persone malvagie usano l'apprendimento traumatico come tecnica di manipolazione per indurci a non tenere determinati comportamenti. Il modo in cui funziona è tramite l'induzione dell'esperienza traumatica in modo tale da garantire che il nostro cervello associ determinate azioni al trauma.

Uno di questi esempi è la punizione corporale. La punizione corporale è meno comune nelle società occidentali rispetto a qualche decennio fa, ma è una delle forme più facili da comprendere di apprendimento traumatico. In passato, quando un bambino faceva qualcosa di sbagliato, i genitori (o gli insegnanti) lo picchiavano, rendendogli molto chiaro il motivo per cui veniva punito. In futuro, se il bambino avesse considerato di fare di nuovo lo stesso errore, avrebbe ricordato il dolore provato in precedenza decidendo di non ripetere l'esperienza dolorosa. Naturalmente, le punizioni corporali sono ora disapprovate o illegali nella maggior parte delle giurisdizioni perché provocano gravi ferite psicologiche e problemi di autostima.

I manipolatori utilizzano l'apprendimento traumatico in molti modi diversi. Usano abusi verbali, intimidazioni e rabbia esplosiva per traumatizzare le persone e impedire loro di agire in certi modi in futuro. Ad esempio, supponiamo che tu sia in una squadra con un collega che non sta facendo il suo dovere nel progetto su cui stai lavorando. Un giorno, decidi di affrontarlo in modo calmo e razionale. Tuttavia, questi reagisce in modo molto esplosivo. Ti chiama per nome, fa una scenata e ti mette estremamente a disagio e ti traumatizza. In futuro, quando si presenterà un problema simile, avrai paura di affrontarlo, quindi se la caverà. In questo caso, ti ha manipolato condizionandoti per evitare che tu lo possa affrontare nuovamente in futuro.

Manipolazione dei fatti

La manipolazione dei fatti è una delle tecniche di manipolazione psicologica più efficaci perché si basa su fatti soggetti a interpretazione. Quando una persona utilizza questa strategia psicologica, tecnicamente non sta mentendo; sta solo usando i fatti a suo favore. Potrebbe comportare l'omissione di determinati fatti o l'estrazione di fatti dal contesto.

Anche gli avvenimenti più indiscutibili sono soggetti a interpretazione e le persone con tratti di personalità oscura sono molto brave a trovare interpretazioni che li ritraggano nella migliore luce possibile. I machiavellici sono particolarmente abili nell'usare informazioni fattuali per trasformare cose cattive in cose apparentemente buone.

Un modo per manipolare i fatti nelle relazioni interpersonali è trovare scuse. Le persone possono giustificare ogni tipo di comportamento creando storie che distorcono il contesto delle discutibili azioni che hanno intrapreso.

Un altro modo per manipolare i fatti è incolpare la vittima per aver causato la sua vittimizzazione. Ci sono molti casi documentati in cui gli aggressori nelle relazioni sono stati in grado di convincere le loro vittime che hanno fatto certe cose per meritare l'abuso. Ci sono molti uomini che picchiano le mogli che si difendono dicendo: "me lo hai fatto fare tu". Questa tecnica di manipolazione spesso funziona in modo più efficace dopo che la vittima è stata isolata dal suo sistema di supporto. Le vittime innamorate o che dipendono dall'abuso hanno maggiori probabilità di accettare interpretazioni distorte di eventi abusivi perché il loro giudizio è compromesso dal loro affetto per l'aggressore.

Il trattenere le informazioni chiave o la divulgazione strategica dei fatti è un'altra tecnica comune che implica la manipolazione dei fatti. Qualcuno potrebbe dirti la verità con l'intenzione di manipolarti. I manipolatori sanno che la tua reazione a determinate informazioni dipende dallo stato d'animo in cui ti troverai quando le ricevi, o se considererai o meno quelle informazioni una priorità nel momento in cui le ricevi. I manipolatori sanno anche che nascondere alcuni dettagli chiave può influenzare il modo in cui accetterai le informazioni e reagirai ad esse.

Le divulgazioni strategiche e il rifiuto di dettagli chiave vengono utilizzati ogni giorno nelle relazioni interpersonali, negli affari e persino nei discorsi politici. I politici le usano da sempre. Quando ci sono informazioni che potrebbero danneggiare la loro reputazione presso il pubblico, ma hanno l'obbligo legale di rilasciarle, spesso lo fanno alla fine della giornata di venerdì, quando la maggior parte delle persone non vede l'ora che arrivi il fine settimana, e non prestano attenzione alle novità. In questo modo, si assicurano che le informazioni dannose non ricevano molta copertura mediatica.

Controllo mentale e giochi mentali

Il termine controllo mentale ha molte definizioni e interpretazioni, ma la cosa fondamentale da notare è che non richiede alcun tipo di abilità magica o soprannaturale; necessita solo di una comprensione rudimentale delle emozioni e del comportamento umano. Il controllo mentale può comportare il lavaggio del cervello di una persona, la rieducazione, la riformulazione dei suoi pensieri, o l'uso di tecniche coercitive per persuaderla a fare determinate cose.

Esistono molte forme di controllo mentale e potremmo riempire un intero libro discutendo di tutte, ma per i nostri scopi esamineremo il concetto in termini generali. Controllo mentale significa che una persona sta cercando di convincere gli altri a sentire, pensare o comportarsi in un certo modo, oppure a reagire e prendere decisioni seguendo un certo schema. Potrebbe essere una semplice ragazza che cerca di convincere il suo ragazzo a sviluppare determinate abitudini, così come il leader di una setta che cerca di convincere i suoi seguaci che lui è Dio.

Il controllo mentale si basa su una cosa: le informazioni. Quando siamo soggetti a nuove informazioni su base intenzionale e coerente, è possibile alterare le nostre convinzioni, pensieri o persino ricordi.

Il cervello è programmato per sopravvivere e, a tal fine, è molto bravo ad apprendere informazioni cruciali per la nostra sopravvivenza. Quando ricevi determinate informazioni in modo coerente, il tuo cervello inizierà a crederci anche se sai che non è vero. Ad esempio, anche se tu fossi la persona più razionale del mondo, e guardassi 100 video su una certa teoria del complotto, probabilmente inizierai a crederci in una certa misura. Questo spiega perché anche le persone che sembrano razionali possono finire per essere indottrinate in sette o persino in gruppi terroristici.

Il controllo mentale funziona in modo più efficace quando si è dipendenti dalla persona che sta cercando di controllare la tua mente. Ciò spiega fenomeni come la sindrome di Stoccolma (in cui le persone rapite o tenute in ostaggio iniziano ad essere affettuose nei confronti dei loro rapitori e ad entrare in empatia con le loro cause). La vittima può iniziare ad acquistare la visione del mondo dell'autore del reato se è stata a lungo dipendente da quest'ultimo.

La cosa peggiore che potresti fare è presumere di essere troppo intelligente perché il controllo mentale possa funzionare su di te. Nelle giuste circostanze, chiunque può essere persuaso ad abbandonare la propria visione del mondo e adottare quella di qualcun altro.

I giochi mentali sono trucchi segreti creati intenzionalmente per manipolare qualcuno. Pensa a loro come tecniche di manipolazione psicologica "artigianali". Mentre altre tecniche sono applicate su larga scala, i giochi mentali sono creati per mirare a persone molto specifiche. Funzionano meglio quando la vittima si fida del manipolatore e quest'ultimo conosce molto bene la personalità e il comportamento della vittima.

La maggior parte delle tecniche di manipolazione psicologica che abbiamo discusso finora possono essere utilizzate quando si creano giochi mentali. Una persona che ti conosce ti dirà certe cose o si comporterà in un certo modo perché sta deliberatamente cercando di farti reagire. Si tratta quasi sempre di fingere certe emozioni.

Le persone che effettuano giochi mentali usano modi innocenti di comunicare per suscitare reazioni calcolate su di te. Gli psicologi si riferiscono a questi giochi mentali come "esaltazione cosciente" e hanno osservato che si verificano in tutti gli ambiti della vita.

Al lavoro, qualcuno potrebbe provare a farti sentire come se non fossi all'altezza del compito in modo che possano rubarti un'opportunità. Nel matrimonio, il tuo partner potrebbe lanciare offese apparentemente innocenti contro di te in modo che tu abbia la sensazione di avere qualcosa da dimostrare e di conseguenza tu possa intraprendere una certa linea di condotta. Relativamente agli appuntamenti, ci sono i cosiddetti "artisti del rimorchio" che usano diversi tipi di trucchi per farti abbassare la guardia e lasciarli agire.

Capitolo 4: Tratti Comportamentali e Caratteriali dei Manipolatori

Essere in grado di capire se qualcuno si sta approfittando di te o ti sta manipolando è una delle abilità di sopravvivenza più importanti di cui hai bisogno oggi. Tutti intorno a te hanno i propri interessi e i propri programmi, ma è fondamentale essere in grado di capire quando potrebbero essere dannosi o causare danni involontari.

I manipolatori hanno molti tratti caratteriali e comportamentali identificabili, alcuni dei quali li discuteremo in questo capitolo. Con le informazioni che apprenderai qui, sarai in grado di capire se una persona sia o meno un manipolatore, se il suo tipo di manipolazione può farti del male e che tipo di manipolatore è.

Ecco i tratti caratteriali e comportamentali a cui dovresti prestare attenzione se sospetti che qualcuno sia un manipolatore.

Mentire per commissione e mentire per omissione

Una bugia di commissione è quella che viene chiamata una "bugia classica". Quando qualcuno dice qualcosa che sa non essere reale, allora è una bugia di commissione: in altre parole, una menzogna di commissione è qualcosa che è semplicemente falso ed è usata intenzionalmente con l'intenzione di ingannare. Il suo scopo principale è ottenere un vantaggio personale in una data situazione.

Le menzogne di commissione non hanno sempre intenti dannosi, ma le persone che si sentono più a loro agio a dire bugie vere e proprie hanno maggiori probabilità di essere manipolatori. Tutti mentono. Anche i bambini piccoli apparentemente innocenti diranno una bugia di commissione per uscire dai guai: un bambino con la marmellata sul viso negherà di averla toccata perché sta cercando di eludere le conseguenze del dire la verità, e non perché sia malizioso.

Quando passi del tempo con un manipolatore, noterai che mentirà tutto il tempo per abitudine, anche quando la situazione non lo richiede. I narcisisti mentiranno perché vogliono che tu li consideri importanti, mentre i sadici lo faranno per causarti dolore. Le bugie di commissione possono sembrarti inutili in situazioni specifiche, ma hanno sempre un certo valore per il manipolatore, anche se non sei in grado di vederlo.

Mentire per omissione comporta il dire la verità ma di tralasciare alcuni dettagli specifici. Le bugie di omissione sono più sofisticate delle bugie su commissione perché danno alla persona una scappatoia nel caso in cui venga colta nella menzogna. Anche in situazioni legali, è possibile farla franca con bugie di omissione, perché puoi sempre sostenere che la persona che ha posto le domande non era abbastanza specifica su quali dettagli voleva che tu fornissi.

Il primo e più comune esempio di menzogna per omissione è il tipo che implica l'omissione di dettagli. Il miglior esempio di una simile bugia è, ad esempio, quando un venditore parla degli aspetti positivi di un prodotto ma non menziona i suoi aspetti negativi.

I manipolatori possono usare bugie di omissione per controllare il modo in cui le persone reagiscono in determinate situazioni.
Ad esempio, quando una persona malintenzionata ti segnala ciò che un amico comune ha detto su di te in una conversazione precedente, può scegliere di menzionare i dettagli che potrebbero generare screzi tra te e il tuo amico, ma tralasciare i dettagli positivi.

Immaginiamo che qualcuno abbia detto tre cose su di te, due complimenti e un commento critico; il malintenzionato ti farà presente il commento critico e ometterà deliberatamente di menzionare i due commenti positivi.

Non correggere le idee sbagliate è un tipo meno comune di menzogna di omissione, ed è usata principalmente dai machiavellici diabolici e dagli psicopatici. È qui che una persona ti farà credere una determinata cosa anche quando sa che non è vera. Ad esempio, se incolpi te stesso per una situazione che l'altra persona sa non essere tua responsabilità, ti lascerà continuare a crederci perché ne trarrà vantaggio. I manipolatori esperti possono dire cose o agire in modi che ti porteranno ad arrivare a una certa falsa conclusione e ti lasceranno continuare a crederci.

Mentire per omissione potrebbe essere usato per ingannare o confondere le persone facendole fare supposizioni a vantaggio dei manipolatori. I manipolatori capiscono che la mente umana tende a saltare alle conclusioni, quindi spesso useranno spunti che ti porteranno dritto a quelle conclusioni. Ad esempio, se sei seduto nella sala d'attesa di un ospedale e qualcuno ti si avvicina indossando un camice da laboratorio, presumerai che la persona sia un medico anche prima che inizi a parlare con te. In tal caso, saresti giunto a una conclusione ragionevole in base al contesto. I manipolatori sanno che hai la tendenza a farlo, quindi creeranno il contesto giusto per farti saltare alla conclusione che vogliono. Una volta che sei a quella conclusione, ti lasceranno continuare a crederci e ti sfrutteranno.

Negazione

Quando dici a qualcuno che sta negando un fatto, spesso significa che sta avendo difficoltà ad accettare la realtà. Tuttavia, la negazione assume un significato completamente diverso quando sono coinvolti i manipolatori. I manipolatori usano la negazione per fingere di essere innocenti quando sanno benissimo di aver fatto qualcosa di sbagliato.

Essi usano la negazione per controllare ciò che le altre persone pensano su di loro e sulle che hanno fatto. Alcuni manipolatori sono così bravi quando si tratta di usare la negazione che sono in grado di convincere le persone a cominciare a interrogare se stesse. La negazione è un tratto comportamentale cruciale nel prevedere se una persona usa il gaslighting con te. Se nelle prime fasi di una relazione, il tuo partner nega sfacciatamente qualcosa che entrambi sapete essere vero, puoi stare certo che è il tipo di persona che effettuerà il gaslighting negli anni a venire.

Quando i manipolatori vengono affrontati e messi in difficoltà, potrebbero usare la negazione per salvarsi la faccia. Questo è abbastanza facile da capire: la persona non vuole ammettere la verità, quindi la nega. Ma con alcune persone con tratti di personalità oscura (specialmente gli psicopatici), la negazione va oltre. Quando le persone comuni usano la negazione, lo fanno per ingannarti. Tuttavia, quando alcune persone disturbate usano la negazione, lo fanno per ingannare sia te che se stessi. Questo è un tratto particolarmente pericoloso perché potrebbe significare che la persona sia completamente priva di coscienza. Ad esempio, se una persona ti facesse del male e negasse di averlo fatto per non avere conseguenze negative con te, è una cosa. Ma se lo negasse perché crede veramente che non ci sia nulla di sbagliato in quello che ha fatto, allora hai a che fare con uno psicopatico pericoloso.

La negazione indica anche che la persona con cui hai a che fare non è disposta a cambiare il suo comportamento. Nella misura in cui ti sta manipolando come farebbe con altre tecniche, la negazione implica che la persona si senta giustificata e non esiterà a fare la stessa identica cosa di nuovo in futuro.

Dicono che accettare un errore sia il primo passo per correggerlo. Se una persona non può accettare un errore che ha commesso, significa che non è neanche lontanamente vicina al percorso per risolverlo. Se incontri una persona (sia al lavoro che nella tua vita personale), e noti che abitualmente nega cose su di lui che sono fatti oggettivi, significa che hai a che fare con una persona rigida che farebbe di tutto per essere certa che le cose vadano a modo suo anche se questo significa rifiutarsi di accettare la verità.

La negazione può essere un meccanismo di difesa, una tattica di manipolazione o un modo per evitare di assumersi la responsabilità. In ogni caso, le persone che la usano possono causare seri danni alla tua psiche, quindi fai attenzione a loro.

Razionalizzazzione

La razionalizzazione è simile all'accampare scuse. Le persone manipolatrici sono molto abili quando si tratta di inventare narrazioni che giustifichino il modo in cui trattano le altre persone. Quando affronti un manipolatore, anche con l'accusa più schiacciante, troverà una spiegazione ben ponderata e piuttosto convincente per le sue azioni. Quando le persone comuni razionalizzano o trovano scuse per le loro azioni, hai la sensazione che anche se stanno cercando di placarti, si sentono in colpa e si scusano per quello che hanno fatto. Tuttavia, quando i manipolatori razionalizzano le loro azioni, stanno cercando di gestire il modo in cui le percepisci e si sentono giustificati dalle loro azioni.

La maggior parte delle persone usa la razionalizzazione come meccanismo di difesa o per rendere moralmente tollerabili le azioni che hanno fatto o stanno per fare. Ogni volta che si usa la razionalizzazione, c'è un certo "salto" che viene compiuto dalla persona che lo sta usando. Più grande è il salto, più è probabile che la persona ottenga un punteggio alto quando viene testata per i tratti psicologici oscuri.

Anche se stai avendo una conversazione ipotetica con qualcuno, puoi imparare molto sui loro atteggiamenti verso certe cose dal modo in cui le razionalizzano. Ad esempio, se hai una nuova relazione, dovresti interessarti vivamente alle cose che il tuo partner è disposto a giustificare. Se sentissi qualcuno vicino a te giustificare qualcosa e tu non ti opponessi per principio, nella sua mente registrerà che a te va bene, e diventerà parte del tuo contratto sociale con lui. Ciò significa che una persona che razionalizza le piccole cose non esiterà a razionalizzare le cose più grandi se si applica lo stesso principio di base.

Minimizzazzione

La minimizzazione implica la banalizzazione delle emozioni o delle azioni di una persona ai fini della manipolazione. Spesso combinerà elementi di negazione e razionalizzazione, perché quando una persona manipolatrice non può negare completamente qualcosa, e non può nemmeno razionalizzarla completamente, si accontenterà di ridurla al minimo.

I manipolatori minimizzano continuamente il significato di determinati eventi o emozioni. Le emozioni o le azioni che minimizzano potrebbero essere tue, loro o di terze parti, purché servano ai loro scopi.

Se hai realizzato qualcosa di significativo, una persona manipolatrice potrebbe provare a sminuire o ignorare quel risultato. Ad esempio, una persona narcisista potrà provare a sminuire il tuo contributo con quello di uno sforzo di squadra come se non fosse "un grosso problema", anche se il tuo lavoro fosse stato fondamentale per il successo di un progetto al quale si stava lavorando insieme.

In una relazione, il tuo partner potrebbe banalizzare le tue emozioni e farle sembrare insignificanti. Se reagisci emotivamente a qualcosa che ha fatto o detto, potrebbe dire che sei troppo sensibile e che stai facendo un grosso problema dal nulla, o che sei immaturo. Sia i manipolatori maschili che quelli femminili possono avere questo tratto caratteriale. Un uomo potrebbe dire che una donna è una "regina del dramma" per "reazione eccessiva" e una donna potrebbe accusare un uomo di essere "non virile" per aver espresso forti emozioni.

La minimizzazione spesso funziona sulle persone perché le fa sentire sbagliate. Se qualcuno ti accusasse di gonfiare le cose, è molto probabile che farai un passo indietro per vedere se stai reagendo in modo esagerato.

Gli autori di abusi usano anche la minimizzazione per far sembrare che le loro azioni non siano così dannose come sostiene la vittima. Un coniuge violento fisicamente potrebbe dire che "non ti ha picchiato così forte"; mentre uno emotivamente violento potrebbe farti arrabbiare e poi dire che ti stai comportando come "un bambinone". In entrambi i casi, la persona riduce al minimo il danno causato sostenendo che avrebbero potuto fare di peggio. Nella loro mente, pensano di meritare un premio per essersi trattenuti.

Un altro aspetto comune della minimizzazione è chiamato "distorsione cognitiva". È qui che una persona riduce al minimo determinate azioni o emozioni facendo sembrare che non siano così importanti, o cercando di ridurre la percezione dell'impatto di quelle emozioni e azioni.

Ad esempio, una persona potrebbe insultarti o provocarti, ma quando lo affronti, potrebbe provare a dire che era solo uno scherzo e che dovresti avere il senso dell'umorismo. La distorsione cognitiva si verifica anche a livello istituzionale. Ad esempio, le istituzioni che hanno problemi sistemici affermano sempre di avere "poche mele marce" invece di riconoscere che c'è un problema di quadro generale che deve essere affrontato.

Dovresti stare molto attento con le persone che usano la minimizzazione nella manipolazione perché questo comportamento ha la tendenza a intensificarsi.

Deviazione ed Evasione

L'evasione e la diversione sono usate dai manipolatori per tenere i riflettori lontani dal loro comportamento manipolativo. Queste tattiche li aiutano anche a evitare di essere smascherati per quello che sono e impediscono loro di assumersi la responsabilità di ciò che stanno facendo.

L'evasione implica la fornitura di feedback sconclusionati o irrilevanti in una situazione che richiede risposte dirette. Quando alle persone manipolatrici vengono poste domande dirette, iniziano a parlare di cose vagamente correlate che non sono nemmeno rilevanti per la conversazione.

Una persona che usa l'evasione cercherà di evitare di dare una risposta diretta a una domanda che gli hai posto. D'altra parte, una persona che usa la diversione cambierà argomento o guiderà la conversazione in una direzione completamente diversa.

Ad esempio, se hai una relazione e chiedi al tuo partner perché sia tornato a casa tardi, quello evasivo inizierà a parlare in dettaglio di argomenti casuali come cose accadute al lavoro, che non hanno nulla a che fare con cosa vuoi sapere. La persona che usa la diversione, d'altra parte, solleverà un problema irrisolto e potrebbe persino provare a ribaltare le cose su di te. Invece di dirti dov'era, riaccenderà una discussione che avevi messo da parte e, pochi minuti dopo, ti ritroverai a discutere di tua madre, senza avere la minima idea di come siate arrivati a quella conversazione.

I politici usano il diversivo e l'evasione tutto il tempo quando non vogliono affrontare determinate questioni, e fanno in modo che il pubblico si indigni per qualcos'altro. I politici sono molto bravi quando si tratta di trasformare qualsiasi domanda in una discussione su un argomento diverso. Ci sono anche altre professioni in cui l'evasione e la diversione sono considerate tecniche utili. Gli avvocati e i responsabili delle pubbliche relazioni la utilizzano per evitare che i loro clienti vengano esaminati attentamente in pubblico.

L'evasione e la diversione funzionano principalmente sulle vittime che hanno problemi a essere assertive. Quando un manipolatore si accorgerà della tua insistenza per ottenere una risposta diretta nonostante i suoi migliori sforzi per evitare di fornirla, potrà ricorrere ad altre tecniche.

L'evasione e la diversione sono chiari segni di inganno. Spesso significano che la persona stia nascondendo qualcosa e non voglia parlarne, quindi farà di tutto per evitare di dare una risposta reale alla tua domanda.

Intimidazioni segrete e sensi di colpa

L'intimidazione segreta e il senso di colpa usano lo stesso principio di fondo: predano le emozioni di una persona. L'intimidazione segreta fa leva sulla paura, mentre il senso di colpa fa leva sulla compassione. Le persone che usano queste tecniche hanno quelle che gli psicologi chiamano "personalità nascoste e aggressive". Sono lupi travestiti da pecora. Presentano un volto al mondo, mentre nel profondo sono persone molto maligne.

L'intimidazione segreta implica una minaccia rivolta alle vittime in modi subdoli. Può essere utilizzata da persone a te vicine se riuscissero a comprendere appieno le tue paure o desideri. Il tuo capo potrebbe usare l'intimidazione segreta per farti eseguire i suoi ordini al lavoro. Se sa che stai lavorando per una promozione, potrebbe chiederti di fargli alcuni favori e quindi farti capire che la tua promozione dipende da quel favore. Potrebbe non dirlo direttamente, ma sarà tutto sottointeso.

Se hai paura di rimanere solo, un partner violento potrebbe giocare su quella paura per manipolarti. Ad esempio, se volessi rompere con un individuo emotivamente egoista, insinuerà che lui è la tua unica possibilità per non rimanere solo.

Il senso di colpa viene utilizzato dai manipolatori per indurre le persone a dubitare di se stesse, ad essere ansiose, a riverire i manipolatori o a fare certi favori. Le persone possono farti sentire in colpa facendoti apparire come vittime o facendoti sembrare egoista. Quando sei accusato di essere egoista, è probabile che tu faccia di tutto per dimostrare che non lo sei, e le persone manipolatrici possono trarne vantaggio.

Ad esempio, se esci con qualcuno che vuole qualcosa di costoso o un favore che ti costerà, proverai a spiegare il più chiaramente possibile che non sei in grado di farlo. Potrebbe quindi dire qualcosa del tipo: "Non ti importa abbastanza di me". Quando lo dirà, anche l'argomento più razionale che potrai fare non avrà importanza. C'è una linea di fondo in atto qui: ti vuole dire che tieni di più al denaro di quanto apprezzi la sua felicità. I sensi di colpa funzionano perché non sono basati su ragionamenti oggettivi: si basano sulle emozioni (che sono più primordiali e si collocano più in alto nella gerarchia delle funzioni cerebrali).

Quando tieni a qualcuno e provi un senso di obbligo nei suoi confronti, allora, se è un manipolatore, avrà il potere di portarti in uno stato di senso di colpa. Ciò significa che, affinché un manipolatore ti faccia sentire in colpa, si assicurerà che tu abbia una connessione emotiva con lui. Se hai una nuova relazione, dovresti stare attento a vedere se al tuo partner piace far sentire in colpa i suoi amici e familiari, perché potrebbe significare che sarai sottoposto allo stesso trattamento una volta che sarai coinvolto emotivamente.

Umiliazione

La vergogna si riferisce alla spiacevole sensazione di angoscia o umiliazione, che si verifica quando siamo consapevoli di un determinato comportamento che consideriamo sbagliato o sciocco. La cosa da capire sulla vergogna è che è un costrutto sociale ed è altamente soggettivo.

Ti vergogneresti se il vento ti facesse sollevare la gonna in un luogo pubblico, ma ci sono tribù remote di persone e persino comuni nelle società occidentali dove le persone camminano nude. Il punto è che le cose più vergognose sono vergognose solo perché le percepiamo come tali. I manipolatori possono usare la vergogna contro di te convincendoti a vergognarti di qualcosa che a te non farebbe né caldo né freddo, o rivelando (o minacciando di rivelare) i tuoi segreti alle persone che ti conoscono.

Tradizionalmente, la vergogna è usata come deterrente per far aderire le persone ai contratti sociali o per insegnare ai bambini il modo corretto di comportarsi. Le persone malvagie svergognano le persone in molti modi diversi, spesso a proprio vantaggio. Lo fanno per abbatterli e per elevarsi, o perché vogliono distrarre le persone dalle proprie inadeguatezze. Un sadico potrebbe farti vergognare perché gli piace quando ti trovi a disagio. Un narcisista potrebbe farti vergognare solo per mostrare agli altri che è più intelligente di te. Un machiavellico può farti vergognare perché vuole modificare il tuo comportamento a suo vantaggio.

La vergogna è in qualche modo simile al senso di colpa, e funziona in modo più efficace quando sono coinvolte persone di cui apprezzi le opinioni. Le persone malvagie sanno che ci sono alcune cose che non vuoi che le persone scoprano su di te, anche se sei a tuo agio in linea di principio. Lo "Slut shaming" ne è un esempio. Il "Revenge porn" è un esempio ancora più estremo. Quando hai una relazione con una persona manipolatrice e cerchi di uscirne, potrebbe usare queste tecniche per farti restare o per punirti per averla lasciata.

Diffamare la vittima

I manipolatori, in particolare i machiavellici, tendono ad essere intelligenti e subdoli, quindi possono facilmente trovare modi per diffamare le loro vittime. Ci sono due modi in cui ciò può accadere: possono convincere altre persone che la vittima è il vero aggressore, oppure possono convincere la vittima che sia lui / lei a fare qualcosa di sbagliato. Vilificare la vittima implica l'uso di diverse tattiche, tra cui la razionalizzazione e il gaslighting.

Le persone che diffamano le vittime cercano di giustificare le loro azioni facendo sembrare che le vittime siano i "cattivi". Ad esempio, un uomo che tradisce la coniuge può spiegare il suo comportamento dicendo alle persone che la sua sposa è una "cagna", o che è "frigida" e "controllante". Il manipolatore sta cercando di razionalizzare le sue azioni creando l'impressione che qualunque cosa abbia fatto, ha una giustificazione razionale e che probabilmente la vittima si meritava di peggio.

Puoi capire se una persona che hai iniziato a vedere ha la tendenza a incolpare la vittima, valutando il modo in cui parla delle sue relazioni passate. Se incolpa il suo ex per tutto ciò che è andato storto e non si assume alcuna responsabilità per il suo ruolo in quanto accaduto, puoi essere certo che affronterà la tua relazione allo stesso modo.

Le persone manipolatrici sanno nel profondo di essere responsabili delle cose che vanno male, ma per loro, denigrare la vittima è solo un altro modo per essere ingannevoli e controllare il modo in cui le persone le percepiscono. Se ti diffamano, vogliono che tu ti assuma la responsabilità delle loro azioni in modo che possano dominarti.

I narcisisti tendono a credere di essere superiori alle altre persone e, quando denigrano la vittima, possono davvero credere che sia loro diritto approfittarsene come possono: non è che non sappiano che si stanno approfittando, pensano solo che la vittima sia un loro sottomesso e questo è solo l'ordine naturale delle cose.

Interpretare il ruolo di vittima e interpretare il ruolo di servitore

Quando i manipolatori interpretano il ruolo della vittima, in senso reale, non si vedono mai veramente come vittime. È solo un gioco per loro, e lo scopo è di evitare la responsabilità per ottenere i benefici che derivano dall'empatia provata dagli altri verso di loro. Vogliono essere percepiti come persone deboli che soffrono, emotivamente o fisicamente ferite, allo scopo di suscitare simpatia o gestire le cattive impressioni.

I manipolatori cercano di convincere le loro vittime che sono loro a soffrire in un modo o nell'altro. Se la vittima si preoccupa del benessere del manipolatore, può decidere di offrire aiuto, spesso a un costo personale elevato.

Dovresti essere estremamente cauto se ti rendi conto che hai a che fare con una persona a cui piace fare la vittima perché non sai mai fino a che punto potrà spingersi. Se qualcuno interpreta la vittima in una qualsiasi dinamica, qualcun altro deve essere scelto come carnefice. E se il manipolatore è bravo, potrebbe inventare una narrativa molto ben costruita che potrebbe rovinare irreversibilmente la tua reputazione o addirittura metterti in seri guai con la legge.

Se qualcuno con cui esci interpreta la vittima quando voi due siete insieme, potrebbe essere possibile affrontare il problema chiedendo una consulenza di coppia. Tuttavia, se noti che sta vendendo questa "storiella" ad altre persone, dovresti cercare di uscire da quella relazione il più velocemente possibile prima che la menzogna si intensifichi e tutti si rivoltino contro di te.

Interpretare il ruolo di servitore si riferisce a un tratto manipolativo in cui una persona finge di fare qualcosa per una causa nobile o di servire qualcun altro quando in realtà nasconde un programma egoistico. Questo è comune nei machiavellici e negli psicopatici, ma non tanto nei narcisisti.

Un machiavellico può fingere di essere dalla tua parte e può offrirsi di eseguire le tue richieste. Potrebbe persino darti molte ragioni per fidarti di lui, e potresti lasciarlo entrare e dargli accesso alle tue risorse. Prima o poi rivelerà le sue vere intenzioni, spesso con il tempo. Potrebbe essere che abbia un desiderio di potere o controllo, e per lui, tu sei solo un ostacolo. I machiavellici sono bravi a nascondere le loro ambizioni, ma quando si presenterà l'occasione colpiranno ed eserciteranno il loro dominio su di te.

Ci sono manipolatori che entrano in posizioni di comando interpretando il ruolo di servitore. Quindi continuano a utilizzare quelle posizioni di leadership per l'arricchimento personale o per i propri programmi. Potresti aver sentito parlare di persone che avviano enti di beneficenza e predano persone coscienziose e ben intenzionate per raccogliere donazioni, di cui poi si appropriano indebitamente.

Seduzione

La seduzione è parte integrante del romanticismo e del corteggiamento, ma può anche essere una tattica di manipolazione molto efficace se una persona avesse intenzioni dannose. Vogliamo tutti essere apprezzati e lusingati, quindi quando qualcuno dice cose lusinghiere su di noi, è probabile che ci crediamo. La seduzione è una delle prime tecniche di manipolazione che la maggior parte dei manipolatori utilizza quando ti incontrano per la prima volta. Come abbiamo già detto più volte, le tecniche di manipolazione tendono ad essere più efficaci quando il manipolatore e la vittima hanno una sorta di connessione emotiva: la seduzione è il primo passo per stabilire quella connessione.

La seduzione e l'adulazione sono modi insidiosi di gestire le impressioni quando i manipolatori vogliono nascondere le loro vere intenzioni. Quando qualcuno ti presta attenzione, ti senti speciale e lusingato, e abbassi la guardia, permettendogli di avvicinarsi e approfittare di te. Abbiamo tutti un certo livello di narcisismo dentro di noi, quindi quando qualcuno ci adula, raramente ci fermiamo a pensare che forse ha un secondo fine e che l'adulazione non ha nulla a che fare con noi.

Anche quando le persone sono consapevoli di essere imburrate, spesso lascieranno che ciò accada e non lo fermeranno. Inizieranno supponendo di essere immuni al fascino del manipolatore dicendo a se stesse che stanno assecondando la persona solo per divertimento, ma prima che se ne rendano conto, finiranno per innamorarsi del trucco e diventare emotivamente coinvolti con il manipolatore.

I manipolatori non si fermano quando seducono le loro vittime. Si presentano molto bene e usano ogni trucco per conquistarle. A seconda del tratto oscuro dominante del manipolatore, dopo aver ottenuto ciò che vogliono, possono rivelare la loro vera natura o continuare a fare sforzi per nasconderla. Quando la vittima saprà cosa sta succedendo, probabilmente sarà troppo tardi.

Proiettare la colpa

Il gioco della colpa è una delle caratteristiche più distintive dei manipolatori. A loro piace proiettare la colpa sugli altri perché impedisce agli altri di incolparli e, di conseguenza, sono in grado di evitare di assumersi la responsabilità delle loro azioni. Proiettare la colpa su una persona li costringe a mettersi sulla difensiva, e questo serve come distrazione.

Queste persone affermano sempre che è stata un'altra persona o una circostanza a indurli a fare qualcosa di sbagliato. Gli psicologi chiamano questa tattica "proiezione". Nella gente comune, la proiezione è un comportamento mentale automatico che è ben documentato nella ricerca sulla psicologia psicodinamica. Le persone possono inconsciamente proiettare le loro intenzioni, motivazioni o azioni sugli altri se si sentono in colpa o innervosite nelle circostanze prevalenti. Tuttavia, dopo quella reazione subconscia iniziale, la maggior parte delle persone farà la cosa logica e ammetterà a se stesso che la proiezione è sbagliata.

Le persone con tratti di personalità oscura, d'altra parte, rimarranno fedeli alla proiezione anche se sanno che sono loro i veri responsabili di un esito negativo. I sadici non solo proietteranno i loro errori su di te, ma faranno anche di tutto per farti sentire male per questo.

I narcisisti, i machiavellici e gli psicopatici sono particolarmente bravi a proiettare la colpa sugli altri perché non si sentono in colpa nè si vergognano come la maggior parte delle persone. Quando una persona comune proietta la colpa su qualcun altro, dovrà affrontare un alto livello di dissonanza cognitiva, il che significa che verrà lacerato dentro. I manipolatori, d'altro canto, razionalizzeranno le loro proiezioni: per esempio, i machiavellici lo vedranno solo come un mezzo per raggiungere uno scopo.

I manipolatori più discreti possono passare la colpa in un modo più sottile diffondendola piuttosto che proiettandola semplicemente su una persona. Ad esempio, quando fanno qualcosa di sbagliato e tu glielo fai notare, porteranno alla tua attenzione un intero elenco di "circostanze concomitanti" con l'intenzione di oscurare o ridurre al minimo il loro ruolo nella creazione del problema in discussione.

Sbandierare la rabbia

Le persone malvagie usano la rabbia per manipolare le persone tutto il tempo. Quando qualcuno brandisce la rabbia contro di te, può urlare o usare gesti minacciosi, sputare parole dure o reagire in modi del tutto imprevedibili. Le emozioni delle persone hanno un effetto su come agiamo e reagiamo in situazioni specifiche, quindi le persone manipolatrici possono usare strategicamente la rabbia per controllare il modo in cui reagisci. Potrebbe essere che vogliano che tu abbia paura di loro in modo da evitare di ricevere domande indiscrete. Nessuno vuole essere sgridato, quindi se qualcuno è arrabbiato con te, ti incentiva ad abbandonare il problema che stai sollevando.

Le persone manipolatrici brandiscono anche rabbia per trasmettere un falso oltraggio morale al fine di presentarsi come innocenti di fronte ad accuse schiaccianti. Ad esempio, se sospetti che il tuo partner ti tradisca e lo affronti al riguardo, se è un manipolatore, potrebbe reagire in modo furioso per mostrarti che è oltraggiato dal fatto che tu gli chieda persino una cosa del genere.

Brandire la rabbia fa sentire anche le persone manipolatrici superiori a coloro che li circondano. Un capo che urla ai suoi subordinati potrebbe farlo per dimostrare che ha il controllo, che ne sa più di tutti gli altri e che vuole che le persone facciano le cose a modo suo per sfuggire alla paura. I partner violenti fanno la stessa cosa quando vogliono ottenere il controllo totale dei loro coniugi o fidanzati.

Capitolo 5: Cos'è la Manipolazione Emotiva Segreta?

La manipolazione emotiva segreta viene utilizzata da persone che vogliono ottenere potere o controllo su di te schierando tattiche che sono sia ingannevoli che subdole. Queste persone vogliono cambiare il modo in cui pensi e ti comporti senza che tu ti renda conto di quello che stanno facendo. In altre parole, usano tecniche che possono alterare le tue percezioni in modo tale che penserai di fare qualcosa di tua spontanea volontà. La manipolazione emotiva è "segreta" perché funziona senza che tu ne sia consciamente consapevole. Le persone che sono brave a utilizzare tali tecniche possono farti eseguire i loro ordini a tua insaputa: possono tenerti "psicologicamente prigioniero".

Quando abili manipolatori mettono gli occhi su di te, possono indurti a concedere loro potere sul tuo benessere emotivo e persino sulla tua autostima. Ti metteranno sotto il loro incantesimo senza che tu te ne accorga. Vinceranno la tua fiducia e inizierai ad attribuire valore a ciò che pensano di te. Una volta che li hai lasciati entrare nella tua vita, inizieranno a intaccare la tua stessa identità in modo metodico, e col passare del tempo perderai la tua autostima e ti trasformerai in quello che vogliono che tu sia.

La manipolazione emotiva segreta è in realtà più comune di quanto potresti pensare. Dal momento che è sottile, le persone raramente sono consapevoli di ciò che sta accadendo e, in alcuni casi, potrebbero non accorgersene nemmeno. Solo gli osservatori esterni attenti possono essere in grado di dire quando è in corso questa forma di manipolazione.

Una persona che un tempo era divertente e gioviale, ed inizia una relazione con un manipolatore, spesso sembra avere una personalità completamente diversa. Se è un vecchio amico, potresti anche non riconoscere la persona che è diventata. Ecco quanto può essere potente la manipolazione emotiva segreta. Può cambiare completamente la personalità di qualcuno senza che nemmeno se ne accorga. Il manipolatore lo scalfirà a poco a poco e accetterà piccoli cambiamenti, finché il vecchio non verrà sostituito da una versione diversa di se stesso, costruita per essere sottomessa al manipolatore.

La manipolazione emotiva segreta agisce lentamente eil manipolatore ti chiederà di concedergli dei piccoli cambiamenti progressivi. In altre parole, lascerai andare piccoli aspetti della tua identità per accogliere la persona manipolatrice, quindi non ti scatterà mai il dubbio che ci sia qualcosa di più grande in gioco.

Quando la persona manipolatrice ti spingerà a cambiare in piccoli modi, obbedirai perché non vorrai "litigare per le piccole cose". Tuttavia, c'è un effetto domino che si verifica quando inizi a concedere qualcosa alla persona manipolatrice. Ti sentirai più a tuo agio nel fare concessioni successive e la tua personalità verrà cancellata e sostituita in una progressione cumulativa.

La manipolazione emotiva segreta si verifica in una certa misura in tutte le dinamiche sociali. Diamo un'occhiata a come si svolge nelle relazioni sentimentali, nelle amicizie e al lavoro.

Manipolazione emotiva nelle relazioni

La manipolazione emotiva che si verifica nelle relazioni romantiche non è sempre dannosa. Ad esempio, le donne a volte cercano di modificare il comportamento degli uomini per renderli più "casalinghi", e questo è semplicemente normale. Tuttavia, ci sono alcuni casi di manipolazione in cui l'intenzione della persona è chiaramente dannosa ed è motivata dalla necessità di controllare o dominare l'altra persona.

Il rinforzo positivo è forse la tecnica di manipolazione segreta più utilizzata nelle relazioni sentimentali. Il tuo partner può indurti a fare ciò che vuole lodandoti, lusingandoti, dandoti attenzione, offrendoti doni e agendo in modo affettuoso.

Anche le cose apparentemente belle nelle relazioni possono rivelarsi strumenti di manipolazione nascosti. Ad esempio, il tuo ragazzo (o la tua ragazza) potrebbe usare il sesso intenso come arma per rafforzare un certo tipo di comportamento in te. Allo stesso modo, potrebbero usare il fascino, l'apprezzamento o i regali per rafforzare certi comportamenti nelle persone con cui stanno uscendo.

Alcuni manipolatori sofisticati usano quello che gli psicologi chiamano "rinforzo positivo intermittente" per ottenere il controllo sui loro partner. L'autore inonderà la vittima con un intenso rinforzo positivo per un certo periodo di tempo, quindi passerà a darle i normali livelli di attenzione e apprezzamento. Dopo un intervallo di tempo casuale, tornerà di nuovo all'intenso rinforzo positivo. Quando la vittima si abituerà al trattamento speciale, ne verrà privato, e quando si abituerà al trattamento normale, quello speciale verrà ripristinato e tutto sembrerà arbitrario. Ora, la vittima arriverà a un punto in cui avrà una sorta di "dipendenza" dal trattamento speciale, ma non avrà idea di come ottenerlo. Quindi inizierà a fare tutto ciò che l'autore vorrà nella speranza di riottenere l'intenso rinforzo positivo. In altre parole, diventerà effettivamente sottomessa all'autore del misfatto.

Le tecniche di rinforzo negativo vengono utilizzate anche nelle relazioni per manipolare gli altri di nascosto. Ad esempio, i partner possono rifiutare il sesso per costringere l'altra persona a modificare il proprio comportamento in un modo specifico. Le persone usano anche tecniche come il trattamento del silenzio e il rifiuto dell'amore e dell'affetto. Alcune persone malvagie possono creare un falso senso di intimità fingendo di aprirsi con te. Potrebbero condividere storie personali e parlare delle loro speranze e paure. Quando lo fanno, creano l'impressione che si fidino di te, ma la loro intenzione potrebbe essere quella di farti provare un senso di obbligo nei loro confronti.

I manipolatori usano anche insinuazioni ben calcolate per farti reagire in un certo modo al momento, con l'obiettivo di modificare il tuo comportamento nel lungo periodo. Tali insinuazioni possono essere fatte con le parole o anche con le azioni. In termini colloquiali, lo chiamiamo "lasciare un suggerimento". Le persone nelle relazioni cercano sempre di capire cosa vuole l'altra persona da quella relazione, quindi una persona manipolatrice può lasciare suggerimenti per farti fare ciò che vuole senza doversi mai prendere la responsabilità delle azioni che intraprendi perché può rispondere sostenendo che tu abbia interpretato male il loro significato.

Lasciare suggerimenti non è sempre dannoso (ad esempio, se la tua ragazza vuole che tu ti proponga, potrebbe lasciare le riviste nuziali sul tavolo). Tuttavia, le insinuazioni dannose possono essere molto dolorose e possono indebolire la tua autostima. Il tuo partner può insinuarsi per suggerire che stai ingrassando, non stai guadagnando abbastanza o anche per suggerire che le tue abilità culinarie non sono buone. Le persone usano le insinuazioni per cavarsela con il "dire senza dire", un numero qualsiasi di cose offensive che potrebbero influenzare la tua autostima.

Manipolazioni emotive nell'amicizia

La manipolazione emotiva segreta è abbastanza comune nelle amicizie e nelle relazioni occasionali. Le amicizie tendono a progredire più lentamente delle relazioni sentimentali, ma ciò significa semplicemente che può volerci molto più tempo per capire se i tuoi amici sono dei manipolatori. La manipolazione nelle amicizie può creare confusione perché anche gli amici ben intenzionati possono sembrare maliziosi. Questo perché esiste una certa rivalità sociale anche tra gli amici più stretti.

Gli amici manipolatori tendono ad essere passivo-aggressivi. È qui che ti manipoleranno per fare ciò che vogliono coinvolgendo amici comuni piuttosto che venire direttamente da te. L'aggressività passiva funziona come una tecnica di manipolazione perché ti nega la possibilità di affrontare direttamente qualsiasi problema stia sollevando il tuo amico, e quindi, per così dire, perderai per impostazione predefinita.

Ad esempio, se un'amica volesse che un favore da te, invece di uscire allo scoperto e chiedertelo, andrebbe da un amico comune suggerendogli di chiedertelo per suo conto. Ora, quando l'amico comune si avvicinerà a te, diventerà molto difficile per te rifiutare la richiesta perché c'è un'ulteriore pressione sociale. Quando e se dirai di no, tutta la tua cerchia sociale ti potrebbe percepire come egoista.

L'aggressione passiva può anche comportare l'uso del trattamento del silenzio per indurti a soddisfare una richiesta. Immagina una situazione in cui uno dei tuoi amici parla con tutti gli altri tranne te. Sarebbe incredibilmente imbarazzante e tutti inizierebbero a ficcare il naso, chiedendosi quale sia il problema tra voi due e prendendo posizione sulla questione.

Alcuni amici possono manipolarti cercando di controllare le tue interazioni sociali. Ad esempio, ci sono quegli amici che insisteranno sul fatto che ogni volta che uscite, dovreste andare nel loro appartamento o in un luogo sociale di loro scelta. Questi amici hanno spesso l'intenzione di dominare la tua amicizia, quindi sono desiderosi di avere sempre il vantaggio su di te. Proveranno a spingerti fuori dalla tua zona di comfort in modo che tu possa rivelare le tue debolezze e quindi diventare più dipendente emotivamente da loro.

Gli amici manipolatori tendono a capitalizzare eccessivamente la tua amicizia e in misura sproporzionata. Ti chiederanno molti favori senza riguardo per il tuo tempo o il tuo impegno. Sono il tipo di amici che faranno leva sulla tua amicizia ogni volta che avranno bisogno di qualcosa, ma poi troveranno delle scuse quando sarà il loro turno di ricambiare.

Manipolazione emotiva al lavoro

Ci sono molte ragioni per cui il tuo collega potrebbe volerti manipolare. Potrebbe essere che stiate puntando verso gli stessi obiettivi e quindi vorrebbe farti sembrare uno scansafatiche. Potrebbe essere che sia pigro e voglia farti carico delle sue responsabilità. Potrebbe anche essere che sia un sadico e vorrebbe solo vederti soffrire.

Le persone unidirezionali al lavoro esercitano il loro dominio sugli altri stressandoli e poi, quasi immediatamente, alleviando lo stress. Supponiamo, ad esempio, che tu commetta un piccolo errore in un rapporto e il tuo capo ti chiami nel suo ufficio. Farà un gran polverone minacciando di licenziarti, ma poi verso la fine cambierà marcia e ti rassicurerà che il tuo lavoro sarà sicuro finché farai quello che vuole. Questo tipo di manipolazione funziona sulle persone perché le fa spaventare e allo stesso tempo dà loro un senso di obbligo.

Alcuni colleghi possono manipolarti facendoti piccoli favori e poi ricordandoti quei favori ogni volta che vorranno qualcosa da te. Ad esempio, se hai commesso un errore al lavoro e un collega ti ha coperto, potrebbe ricordartelo per mesi o addirittura anni a venire, e ti farà sentire in colpa per essere in debito con lui.

I colleghi possono anche manipolarti lasciandoti fuori dal giro quando trasmettono informazioni importanti. L'intenzione qui è di farti fare confusione in modo che possano avere una migliore posizione con il capo o con altri colleghi. Quando scoprirai che qualcuno ti stia lasciando fuori dal giro al lavoro e li affronterai, potrebbero fingere innocenza o che sia stato un errore da parte loro, oppure potrebbero trovare un modo per ribaltare la situazione e incolparti.

Le persone con tratti di personalità oscura tendono ad essere iper-competitive sul lavoro e non esiteranno a usare mezzi subdoli per ottenere ciò che vogliono. La maggior parte dei colleghi si rivelano buoni amici, ma dovresti stare attento con quelli eccessivamente desiderosi di fare amicizia con te. Spesso vogliono sapere tutto di te in modo che possano capire i tuoi punti di forza e di debolezza e trovare modi per usarli contro di te. I narcisisti, i machiavellici e gli psicopatici sono molto bravi a tramare al lavoro, quindi non lasciare che ti prendano alla sprovvista.

Capitolo 6: Cosa Cercano di fare i Manipolatori?

Potresti chiederti: cosa stanno cercando di fare i manipolatori? Perché dedicano così tanto lavoro alla manipolazione degli altri, invece di concentrarsi solo sul miglioramento di se stessi?

Il fatto è che i manipolatori hanno un profondo bisogno psicologico di controllare gli altri, quindi cercano di "indebolire" le loro vittime per ottenere il dominio su di loro. Quando manipolano gli altri, stanno cercando di annullare la loro forza di volontà, di distruggere la loro autostima, di cercare vendetta passivo-aggressiva contro di loro o di confondere la loro realtà in modo che diventino più malleabili. Diamo un'occhiata a come e perché i manipolatori fanno queste quattro cose.

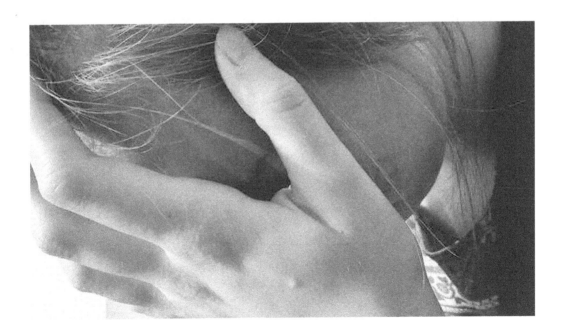

Annullamento della forza di volontà

È grazie alla nostra forza di volontà che siamo in grado di mantenere il controllo sulle nostre vite e di resistere alle persone che tentano di dominarci e costringerci a eseguire i loro ordini. Ecco perché una delle principali intenzioni delle persone manipolatrici è quella di cancellare la nostra forza di volontà.

Allora, come può qualcuno cancellare la tua forza di volontà? Bene, prima devi capire che la forza di volontà non è illimitata. Possiamo perderla attraverso un processo che gli psicologi chiamano "esaurimento dell'Io". Per capirlo bisogna pensare alla forza di volontà come a una risorsa che può essere rinnovabile, ma che può essere rinnovata solo lentamente. Quindi, se spendiamo quella risorsa per una cosa, ne abbiamo meno da spendere per un'altra cosa che la richiede. Quindi, l'esaurimento dell'ego è il risultato che si verifica quando spendiamo tutta la forza di volontà che abbiamo e rimaniamo senza un'adeguata forza di volontà di fronte alle sfide successive.

Le persone manipolatrici sanno che la forza di volontà non proviene da un pozzo senza fondo, quindi tendono a sovraccaricarci di scenari in cui siamo costretti a usarla finchè non si esaurisce. Ad esempio, una persona maliziosa potrebbe cercare di farti agitare continuamente, mentre tu continuerai a cercare di mantenere la calma e la serenità. Tuttavia, se continuerà a farlo per un periodo di tempo prolungato, probabilmente arriverai a un punto in cui scatterai e reagirai con rabbia.

Gli psicologi credono che la forza di volontà sia una specie di muscolo: diventa più forte quando lo si esercita, ma durante il momento di sforzo può fallire se viene spinto oltre un certo punto. Le persone maligne possono annullare la tua forza di volontà costringendoti a esercitarla troppo.

La forza di volontà è ciò che ci consente di prendere le decisioni giuste di fronte a gravi tentazioni o pressioni. È ciò che ci fa passare il tempo a studiare per un esame invece di guardare video online. Senza forza di volontà, diventiamo altamente suggestionabili e le persone possono indurci a eseguire i loro ordini con poca resistenza.

L'esaurimento dell'Io viene talvolta definito anche "affaticamento decisionale". L'idea alla base di questo concetto è che più decisioni prendiamo, più ci stanchiamo e, di conseguenza, non siamo in grado di prendere buone decisioni. Quando le persone manipolatrici ci mettono in situazioni in cui dobbiamo continuare a prendere decisioni, alla fine sono in grado di logorarci.

Ci sono molti altri fattori che sono stati conosciuti per distruggere la forza di volontà: il primo è la **scarsità**. Quando qualcosa scarseggia, siamo tentati di agire in modo più impulsivo per acquisirlo, abbandonando i nostri principi. Ad esempio, quando sei affamato, potresti essere costretto ad abbandonare il principio del "non rubare" solo per nutrirti.

Le persone esperte nella manipolazione emotiva possono eliminare la tua forza di volontà introducendo l'elemento della scarsità. Ad esempio, quando una persona ti applica il trattamento del silenzio, essenzialmente sta trattenendo l'interazione e l'affetto umano, rendendolo così una scarsità per te. Ciò aumenta la probabilità che tu possa accettare la sua richiesta.

Un altro modo per annullare la forza di volontà di qualcuno è minacciarne il benessere o il sostentamento. Le persone malvagie possono compromettere la tua forza di volontà facendo cose che mettono a repentaglio il tuo lavoro, le tue relazioni o la tua felicità. Se un collega facesse qualcosa che mette a rischio la tua sicurezza sul lavoro, o se il tuo partner facesse qualcosa per rendere la tua vita un inferno vivente, ti dispererai, e in quel momento sarà più probabile che la tua forza di volontà venga compromessa portandoti ad arrenderti o fare qualcosa di dannoso per te.

Lo **stress** è un altro fattore che può causare l'esaurimento della propria forza di volontà. Quando siamo costantemente stressati, le nostre menti sono piene di preoccupazioni che offuscano il nostro giudizio e finiamo per prendere decisioni sbagliate. Le persone malvagie lavoreranno sia apertamente che di nascosto per introdurre fattori di stress nelle nostre vite nella speranza che lo stress risultante assorbirà tutte le nostre energie, per renderci suscettibili alla loro manipolazione.

Quando i manipolatori riescono a cancellare la nostra forza di volontà, acquisiscono il potere di controllarci e ci dicono cosa fare. Inizieremo a rimandare il nostro giudizio a loro e perderemo la nostra identità.

Distruggere l'autostima

Oltre ad esaurire la tua forza di volontà, le persone malvagie vogliono anche distruggere la tua autostima. Sfortunatamente, ci sono dozzine di modi diversi per farlo. Per quanto cerchiamo di basare la nostra autostima sul nostro pensiero, resta il fatto che come esseri sociali, mettiamo molto in conto ciò che gli altri dicono di noi, ed è qui che le persone manipolatrici traggono la loro forza.

I manipolatori possono distruggere la tua autostima usando frasi formulate con cura che mirano ad attaccarti e sminuirti. Le loro parole sono solitamente calcolate con cura per sconvolgerti o per confonderti, in modo che stia molto tempo a pensare a cosa significano. Abbiamo già esaminato i tipi di tecniche manipolative che possono farti iniziare a metterti in discussione o pensare che le tue stesse emozioni non siano valide.

I manipolatori distruggono anche la tua autostima incolpandoti costantemente di tutti i tipi di problemi. Quando qualcuno continua a dirti che certe cose succedono per colpa tua, un seme di insicurezza inizierà a crescere in te e, man mano che questa idea viene rafforzata, arriverai a un punto in cui interiorizzerai effettivamente le critiche, e questo rovinerà la tua autostima.

Un altro modo in cui le persone manipolatrici distruggono la tua autostima è inondarti di informazioni negative. Sappiamo tutti che l'autostima può essere influenzata dall'ambiente che ci circonda. Se ci circondiamo di persone negative che dicono continuamente cose negative, inizieremo a interiorizzare quelle cose.

Ad esempio, un collega al lavoro potrebbe continuare a criticare tutte le tue idee finché non arriverai a un punto in cui inizierai a credere di non essere in grado di lavorare. Nelle relazioni, i manipolatori possono distruggere la tua autostima trascurandoti emotivamente, fino a quando non inizierai a pensare di non meritare amore e affetto.

Le persone manipolatrici possono anche distruggere la tua autostima alimentando le tue paure. Una volta che le scoprono, inizieranno a nutrire quelle paure in te stesso in modo che possano usarle contro di te. Più abbiamo paura, più la nostra autostima diminuisce.

Alle persone manipolatrici piace quando le loro vittime hanno una bassa autostima per molte ragioni. Sanno che se non hai una visione forte di te stesso, possono ottenere il potere di controllare come ti vedi. Se inizi a dubitare di chi sei, prenderanno il sopravvento e creeranno una versione di te che possono manipolare.

I manipolatori sanno anche che quando abbiamo una bassa autostima, diventiamo molto gradevoli perché vogliamo accontentare le altre persone in modo da ottenere una certa attenzione positiva, e ottenere l'approvazione degli altri. Vogliono che le loro vittime si trasformino in persone gradite e vogliono mettersi al centro della loro vita in modo da beneficiarne.

Al lavoro, i manipolatori potrebbero voler distruggere la tua autostima per farti sentire come se non fossi all'altezza del compito, per scavalcarti e raggiungere la vetta. Se non riuscissero a convincerti completamente che sei un perdente, si accontenteranno di farti così paura del fallimento che non sarai nemmeno in grado di raccogliere le forze per provare a competere con loro.

I manipolatori potrebbero anche voler distruggere la tua autostima in modo che tu non sia in grado di mantenere i tuoi confini personali e loro possano entrare e approfittare di te. Come abbiamo detto, quando la tua autostima viene distrutta, non sei in grado di difendere ciò in cui credi, quindi non puoi far rispettare i tuoi principi. Potresti sentirti come se non avessi nemmeno il diritto fondamentale di far valere le tue preferenze, quindi i manipolatori saranno liberi di calpestarti.

Vendetta passivo-aggressiva

Alcuni manipolatori ti inseguiranno perché cercano vendetta passivo-aggressiva contro di te. Se in passato hai disprezzato una persona narcisista, un sadico o uno psicopatico in qualsiasi modo, probabilmente staranno serbando una sorta di rancore contro di te e potrebbero manipolarti perché vogliono vendicarsi.

Ora, le persone normali nutrono rancore o si rincorrono per chiari motivi di cui entrambe le parti sono consapevoli. Tuttavia, le persone con tratti di personalità oscura possono bersagliarti praticamente per qualsiasi motivo, purché abbia senso per loro. Non esiste una soglia logica che devi soddisfare affinché possano mettere gli occhi su di te. Potrebbero serbare rancore per anni a causa di una dichiarazione che hai fatto di sfuggita. Potrebbero farti loro obiettivo perché il tuo capo si è complimentato con te invece che con loro. Potrebbero persino prenderti di mira a causa di profondi problemi psicologici che nemmeno loro possono comprendere.

Ad esempio, uno psicopatico potrebbe cercare di vittimizzarti e distruggerti la vita perché assomigli alla ragazza che lo ha rifiutato quando era un adolescente. Il punto è che non devi fare nulla di specifico affinché una persona malvagia decida di cercare vendetta passivo-aggressiva contro di te. È possibile che tu abbia solo la sfortuna di ricordare loro un genitore cattivo che hanno avuto da bambini, o nel caso dei machiavellici, potrebbe essere solo il fatto che tu sia sulla loro strada e devono distruggerti per andare avanti. Potrebbe anche essere che pensino che tu sia debole e, quindi, un facile bersaglio.

Quando qualcuno cerca vendetta passivo-aggressiva contro di te, vorrà buttarti giù in modo che possa sentirsi superiore. Se riesci a superarlo al lavoro, vorrà che la tua performance diminuisca perché lo farà sentire meglio. Questa persona ti tratterà con molta ostilità verbale mascherata. Diffonderà pettegolezzi negativi su di te quando sarai via. Farà di tutto per trovare da ridire delle cose che fai e sarà abitualmente critico nei tuoi confronti. Farà del suo meglio per invalidare i tuoi pensieri, sentimenti e contributi perché semplicemente non vuole che tu sia felice.

Alcune persone cercheranno vendetta passivo-aggressiva contro di te perché sono infelici e la miseria ama la compagnia. La maggior parte delle persone con tratti di personalità oscura non sopporta di vederti felice quando è infelice. I narcisisti credono che il mondo giri intorno a loro, quindi se sono infelici, si aspetteranno che tutti gli altri lo siano e cercheranno di punire chiunque non sia infelice attraverso la manipolazione psicologica. I sadici cercheranno di renderti infelice per tirarsi su di morale. I machiavellici, d'altra parte, trameranno per rubare la tua felicità.

Le persone in cerca di vendetta passivo-aggressiva spesso usano umorismo ostile mascherato per abbattere gli altri. Usano il sarcasmo per nascondere la loro ostilità verso gli altri. Diranno cose offensive e poi affermeranno che stanno "solo scherzando". Attaccheranno gli altri in base al loro aspetto, al loro background socio-culturale, al loro genere e orientamento sessuale, al loro livello di istruzione e a qualsiasi altra cosa gli venga in mente. In altre parole, questi manipolatori hanno problemi profondi che provocano disturbi psicologici e faranno di tutto per danneggiare gli altri al fine di soddisfare i loro bisogni psicologici.

Confondere la realtà

I manipolatori vogliono anche confondere la tua realtà in modo che possano controllarti. Modificare la percezione della realtà da parte di una persona è il modo migliore per controllarla e dominarla. Questo perché quando riesci a convincere una persona che ciò che vede e sente non è reale, allora otterrai il potere di dirle cosa dovrebbe pensare, cosa sentire e cosa valutare.

Controllare la realtà degli altri è il sogno più alto di qualsiasi manipolatore. Vogliono che tu sostituisca il tuo giudizio al loro, e le possibilità che ciò accada aumentano in modo esponenziale quando metti in discussione la tua realtà. Ecco perché le tecniche di manipolazione del controllo mentale, come il lavaggio del cervello e il gaslighting, sono le più pericolose.

Ci sono molte ragioni per cui un manipolatore vorrebbe confondere la realtà della sua vittima. Un partner violento vorrebbe che tu smettessi di cercare aiuto e che l'abuso non stia realmente accadendo, o che nessuno ti offrirà l'amore e la protezione che speri, quindi dovresti smettere di cercarlo.

Quando gli psicopatici soffocano gli altri, tendono a farlo intenzionalmente. Stanno cercando deliberatamente di danneggiare la salute mentale della loro vittima perché sanno che quando sei mentalmente debole, possono controllarti. Non hanno coscienza, quindi non si preoccupano dei danni irreversibili che potrebbero procurarti.

I narcisisti, d'altra parte, tendono a fare gaslighting o confondere la realtà degli altri involontariamente. Questo perché i narcisisti stessi sono deliranti, hanno manie di grandezza e pensano di avere il diritto di dominarti. Confonderanno la tua realtà perché vogliono imporre le loro percezioni su di te in modo che le loro delusioni di grandezza possano diventare la tua realtà.

Bulli e sadici vorranno confondere la tua realtà perché vogliono che sia desolante. La loro intenzione è di farti avere una visione pessimistica, proprio come loro.

Capitolo 7: Le Vittime Preferite Dei Manipolatori

Ci sono alcune caratteristiche e tratti comportamentali che rendono le persone più vulnerabili alla manipolazione, e le persone con tratti psicologici oscuri lo sanno bene. Tendono a cercare vittime che hanno quei tratti comportamentali specifici perché essenzialmente sono bersagli facili. In questo capitolo, parleremo di 6 tratti comuni che hanno le vittime preferite dei manipolatori.

Insicurezza emotiva e fragilità

I manipolatori amano prendere di mira le vittime che sono emotivamente insicure o fragili. Sfortunatamente per queste vittime, tali tratti sono molto facili da identificare anche in perfetti sconosciuti, quindi è facile per i manipolatori esperti trovarli.

Le persone che sono emotivamente insicure tendono a stare sulla difensiva quando vengono attaccate o quando sono sotto pressione, e questo le rende facili da individuare nelle situazioni sociali. Anche dopo poche interazioni, un manipolatore può valutare con un certo grado di precisione quanto sia insicura una persona. Cercheranno di provocare i loro potenziali bersagli in modo sottile e poi aspetteranno di vedere come reagiscono. Se sono eccessivamente difensivi, i manipolatori lo prenderanno come un segno di insicurezza e intensificheranno i loro attacchi manipolatori.

I manipolatori possono anche capire se un bersaglio è emotivamente insicuro se reindirizza accuse o commenti negativi. Troveranno un modo per attaccarti, e se provi a respingerli, o a trovare scuse invece di affrontare la situazione a testa alta, il manipolatore potrebbe concludere che sei insicuro e quindi un facile bersaglio.

Le persone che soffrono di ansia sociale tendono anche ad avere insicurezza emotiva e i manipolatori sono consapevoli di questo fatto. Nelle riunioni sociali, possono facilmente individuare persone che soffrono di ansia sociale, quindi bersagliarli per la manipolazione. I "pickup artist" sono in grado di identificare le ragazze che sembrano a disagio nelle situazioni sociali dal modo in cui si comportano. L'ansia sociale è difficile da nascondere, specialmente per i manipolatori che hanno esperienza nel depredare la vulnerabilità emotiva.

La fragilità emotiva è diversa dall'insicurezza emotiva. Le persone emotivamente insicure tendono a mostrarsi tali tutto il tempo, mentre le persone emotivamente fragili sembrano essere normali, ma soffrono emotivamente alla minima provocazione. Ai manipolatori piace prendere di mira le persone emotivamente fragili perché è molto facile suscitare una reazione da parte loro.

La fragilità emotiva può essere temporanea, quindi le persone con questi tratti sono spesso prese di mira da manipolatori opportunisti. Una persona può essere emotivamente stabile per la maggior parte del tempo, ma può soffrire di fragilità emotiva se sta attraversando una rottura, quando è in lutto o quando ha a che fare con una situazione che è emotivamente divorante. I manipolatori più diabolici potrebbero guadagnare la tua fiducia, offrire il loro tempo e aspettare che tu sia emotivamente fragile. In alternativa, potrebbero usare metodi subdoli per indurre fragilità emotiva in una persona che stanno prendendo di mira.

Persone Sensibili

Le persone altamente sensibili sono quegli individui che elaborano le informazioni a un livello più profondo e sono più consapevoli delle sottigliezze nelle dinamiche sociali. Hanno molti attributi positivi perché tendono ad essere molto rispettosi degli altri e stanno attenti ad evitare di causare danni alle persone, direttamente o indirettamente. Queste persone tendono a non amare qualsiasi forma di violenza o crudeltà e sono facilmente turbate da notizie su eventi disastrosi o persino rappresentazioni di scene cruente nei film.

Le persone sensibili tendono anche a sentirsi emotivamente esauste per aver assorbito i sentimenti degli altri. Quando entrano in una stanza, hanno la capacità immediata di rilevare gli stati d'animo delle altre persone, perché sono naturalmente abili nell'identificare e interpretare i segnali del linguaggio del corpo, le espressioni facciali e le variazioni nella voce di altre persone.

I manipolatori amano prendere di mira le persone sensibili perché sono facili da manipolare. Se sei sensibile a certe cose, i manipolatori possono usarle contro di te. Fingono certe emozioni per attirare le persone sensibili in modo che possano sfruttarle.

Le persone sensibili tendono anche a spaventarsi facilmente. Hanno un "riflesso di sorpresa" accentuato, il che significa che hanno maggiori probabilità di mostrare chiari segni di paura o nervosismo in situazioni potenzialmente minacciose. Ad esempio, le persone sensibili hanno maggiori probabilità di spaventarsi quando qualcuno si avvicina di soppiatto, anche prima che determinino se sono in pericolo reale. Se sei una persona sensibile, questo tratto può essere molto difficile da nascondere e le persone malvagie saranno in grado di vederlo da un miglio di distanza.

Le persone sensibili tendono anche ad essere solitarie. Sono per lo più introversi e amano stare da soli perché la stimolazione sociale può essere emotivamente drenante per loro. I manipolatori che stanno cercando di controllare gli altri hanno maggiori probabilità di prendere di mira persone introverse perché quel tratto rende facile isolare le potenziali vittime.

I manipolatori possono anche identificarle ascoltando come parlano. Le persone sensibili tendono ad essere molto corrette; non usano mai un linguaggio volgare perché cercano di evitare di offendere qualcuno. Tendono anche ad essere educati e dicono per favore e grazie più spesso di altri. Inoltre, tendono ad accontentare chiunque perché non vogliono essere scortesi, e questo darà alle persone maliziose un modo per avvicinarsi.

Persone empatiche

Le persone empatiche sono generalmente simili alle persone altamente sensibili, tranne per il fatto che risultano più in sintonia con i sentimenti degli altri e l'energia del mondo che li circonda. Tendono a interiorizzare la sofferenza degli altri al punto che questa possa diventare la loro. In effetti, per alcuni di loro, può essere difficile distinguere il disagio di qualcuno dal proprio. Le persone empatiche sono i migliori partner perché sentono tutto ciò che provi. Tuttavia, questo li rende particolarmente facili da manipolare, motivo per cui ai malintenzionati piace prenderli di mira.

Le persone malvagie possono fingere certe emozioni e trasmetterle alle persone empatiche, che le sentiranno come se fossero reali. Questo li espone allo sfruttamento. Sono gli obiettivi preferiti dei truffatori psicopatici perché sentono profondamente gli altri. Un truffatore può inventare storie su difficoltà finanziarie e ottenere un sacco di soldi da persone empatiche.

Le persone empatiche hanno un cuore grande e tendono ad essere estremamente generose, spesso a proprio danno. Sono molto caritatevoli e si sentono in colpa quando gli altri intorno a loro soffrono, anche se non possono farci niente. Le persone maligne si divertono molto nel portare queste persone a sentirsi in colpa. Sono il tipo di persone che sborserebbero volentieri i risparmi di una vita per aiutare i loro amici a uscire dai debiti, anche se ciò potrebbe significare di rovinarsi finanziariamente.

Paura della solitudine

Molte persone hanno paura di stare da sole, ma questa paura è più accentuata in una piccola percentuale della popolazione. Questo tipo di paura può essere davvero paralizzante per coloro che la sperimentano e può aprirli allo sfruttamento da parte di persone maligne. Ad esempio, ci sono molte persone che rimangono in relazioni disfunzionali perché hanno paura di non trovare mai qualcun altro che le ami, se lasciano un partner violento. I manipolatori possono identificare questa paura in una vittima e spesso faranno tutto il possibile per alimentarla ulteriormente e assicurarsi che la persona ne sia paralizzata. Le persone che hanno paura di stare da sole possono tollerare o addirittura razionalizzare qualsiasi tipo di abuso.

La paura di essere soli può essere facile da individuare in una potenziale vittima. Le persone con questo tipo di paura tendono a trasudare un certo livello di disperazione all'inizio delle relazioni e talvolta possono sembrare appiccicose. Mentre la gente comune può pensare che queste persone siano semplicemente bisognose di affetto, le persone manipolatrici la vedranno come un'opportunità per sfruttare qualcuno. Se sei attaccato a loro, useranno tecniche manipolative per renderti ancora più dipendente. Possono trattenere l'amore e l'affetto (ad esempio, utilizzando il trattamento del silenzio) per farti temere di essere scaricato, e agisca per disperazione cedendo un maggiore controllo al manipolatore.

La paura di essere soli è, per la maggior parte, un costrutto sociale e colpisce in modo sproporzionato le donne più degli uomini. Per generazioni, la nostra società ha insegnato alle donne che il loro obiettivo nella vita era sposarsi e avere figli; quindi anche le donne più progressiste che rifiutano questo costrutto sociale sono ancora tormentate dalle pressioni sociali per aderire a quei vecchi standard. Detto questo, in realtà anche gli uomini tendono ad avere paura di restare soli.

Le persone con problemi di abbandono derivanti dall'infanzia tendono a sperimentare la paura della solitudine a un livello più elevato. Ci sono anche quelle persone che potrebbero non temere necessariamente la solitudine in generale, ma hanno paura di essere separate dalle persone importanti della loro vita. Ad esempio, molte persone finiscono per rimanere in relazioni violente o disfunzionali perché hanno paura di essere separate dai propri figli.

Paura di deludere gli altri

Sentiamo tutti un certo senso di obbligo nei confronti delle persone nella nostra vita, ma ci sono alcune persone che hanno molta paura di deludere gli altri. Questo tipo di paura è simile alla paura dell'imbarazzo e alla paura del rifiuto perché la persona dedica molta attenzione al modo in cui gli altri la percepiscono. La paura di deludere gli altri può manifestarsi naturalmente e può essere effettivamente utile in alcune situazioni: i genitori che hanno paura di deludere le loro famiglie lavoreranno di più per provvedere a loro, e i bambini che hanno paura di deludere i loro genitori studieranno di più a scuola. In questo caso, la paura è effettivamente costruttiva. Tuttavia, diventa malsana quando è diretta alle persone sbagliate o quando ti costringe a compromettere il tuo comfort e la tua felicità.

Quando i manipolatori scoprono che hai paura di deludere gli altri, cercheranno di metterti in una posizione in cui ti senta come se dovessi loro qualcosa. Ti faranno certi favori e poi ti manipoleranno facendoti credere di avere un senso di obbligo nei loro confronti. Ti faranno quindi sentire in colpa per soddisfare qualsiasi richiesta ogni volta che vorranno qualcosa da te.

Disturbi di dipendenza della personalità e dipendenza emotiva

Il disturbo dipendente di personalità si riferisce a un disturbo reale caratterizzato da un bisogno eccessivo e persino pervasivo di essere accudito. Questo bisogno spesso porta la persona a essere sottomessa nei confronti delle persone nella sua vita e ad essere appiccicosa e spaventata dalla separazione. Le persone con questo disturbo agiscono in modi intesi a sollecitare l'assistenza. Tendono a praticare quella che viene chiamata "impotenza appresa". Agiscono convinti di non essere in grado di fare certe cose da soli e hanno bisogno dell'aiuto degli altri.

Queste persone hanno difficoltà a prendere decisioni, anche quando hanno a che fare con cose semplici come scegliere quali vestiti indossare. Hanno bisogno di rassicurazioni e consigli costanti e lasciano che siano gli altri a prendere l'iniziativa nella loro vita.

I manipolatori amano prendere di mira le persone con disturbi della personalità dipendente perché sono molto facili da controllare e dominare. Queste persone cedono volontariamente il controllo della propria vita agli altri, quindi quando i manipolatori vengono a bussare, non affrontano molta resistenza. I manipolatori iniziano dando loro un falso senso di sicurezza, ma una volta conquistata la loro fiducia cambiano marcia e iniziano a imporre loro la propria volontà.

La dipendenza emotiva è in qualche modo simile al disturbo di personalità dipendente, ma non raggiunge il livello di significatività clinica. Deriva da una bassa autostima ed è spesso il risultato di problemi di abbandono infantile. Le persone con una dipendenza emotiva giocheranno il ruolo di sottomesso nelle relazioni per paura di perdere i loro partner. Tenderanno ad essere molto gradevoli perché vogliono compiacere le persone nella loro vita. Queste persone sono facili da manipolare e le persone maligne possono facilmente dominarle.

Capitolo 8: Il Ruolo della Difesa

Per evitare di cadere vittima di manipolatori, devi costruire le tue difese in modo da essere preparato per qualsiasi strategia manipolativa che tenteranno di utilizzare su di te. Il modo migliore per costruire le tue difese è adottare misure per migliorare la tua autostima e la tua forza di volontà. Tuttavia, come punto di cautela, dovresti stare molto attento a come costruisci le tue difese perché non dovrai creare restrizioni che ti impediscano di vivere una vita soddisfacente.

Ad esempio, mentre cerchi di proteggerti dalla manipolazione, non puoi agire per paura. Non puoi nasconderti dal mondo solo per evitare scenari in cui qualcuno potrebbe voler approfittare di te. Ricorda che il mondo è pieno di persone con tratti di personalità oscura che possono nutrire intenzioni dannose, quindi agire per paura non ti proteggerà da nessuno. In effetti, ti renderà più un bersaglio. Mentre costruisci le tue difese, assicurati di avere come prerogativa l'essere disposto ad affrontare i manipolatori a testa alta. Se agisci per paura, perderai di default.

I passi per aumentare l'autostima

Per aiutarti a costruire le tue difese, discuteremo gli otto passaggi che devi compiere per aumentare la tua autostima e aumentare la tua forza di volontà.

Accettazione

L'accettazione riguarda l'assenso alla realtà di una data situazione. Si tratta di riconoscere che una determinata condizione o processo è quello che è, anche se è caratterizzato da alti livelli di disagio e negatività. Si tratta di accettare consapevolmente che qualcosa non può essere cambiato e che la sua realtà non è soggetta a interpretazione. Si tratta di fare pace con la situazione in cui ti trovi.

L'accettazione è l'opposto della negazione. Anche i più razionali tra noi tendono a negare molte cose nella loro vita, fatti reali. La negazione può essere un meccanismo di coping, che può impedirci di essere sopraffatti dalla realtà di una data situazione. Tuttavia, la negazione ci fa più male che bene, perché se non possiamo accettare qualcosa, non possiamo cambiarla e saremo bloccati alla ricerca di interpretazioni e spiegazioni alternative per le nostre circostanze.

Senza accettazione, la porta rimane spalancata per i malintenzionati che vogliono sfruttarci. Prendiamo l'esempio di un paziente a cui viene detto di essere un malato terminale. Dopo aver cercato le opinioni di diversi medici e aver ottenuto la stessa diagnosi, al paziente resterà ancora la possibilità di scegliere se accettare o negare la situazione. Chi l' accetterà sarà in pace e cercherà di sfruttare al meglio il poco tempo che ha. Chi rimarrà nella negazione sarà suscettibile di imbroglioni che potrebbero offrire "cure alternative", e potrebbe finire per perdere tutti i suoi risparmi. Questo è un esempio estremo, ma illustra perfettamente perché l'accettazione è importante per evitare la manipolazione, anche se la realtà può sembrare troppo dolorosa da accettare.

La forma più cruciale di accettazione è l'**autoaccettazione**. Si riferisce allo stato di soddisfazione di te stesso, nel modo in cui si è attualmente. L'autoaccettazione è una sorta di alleanza che fai con te stesso, per convalidare, sostenere e apprezzare chi sei invece di criticarti costantemente e desiderare di essere qualcun altro. La maggior parte delle persone ha difficoltà ad accettarsi per quello che è. Siamo tutti costantemente impegnati nell'auto-miglioramento. Vogliamo avere più successo, essere più ricchi, essere più attraenti o essere percepiti in modo più positivo dagli altri. Anche i più esperti tra noi hanno problemi con l'autoaccettazione.

In molti modi, il desiderio di essere una versione migliore di te stesso può essere visto come una cosa positiva: può aiutarti a studiare più duramente a scuola, lavorare di più per ottenere una promozione al lavoro o fare più esercizio per rimetterti in forma. Tuttavia, il problema è che ci sarà sempre spazio per i miglioramenti, quindi non importa quanto in alto salirai, l'insoddisfazione sarà sempre lì e ti renderà vulnerabile alla manipolazione da parte di persone che vorranno approfittare dei tuoi desideri.

Per difenderti dalla manipolazione, dovrai accettare la tua realtà e te stesso. Le persone tendono a pensare che se accettano se stesse, non cercheranno di migliorare - questo non potrebbe essere più lontano dalla verità. Accettare te stesso significa riconoscere i tuoi difetti e questo ti darà il controllo sulla tua vita. Con l'auto-accettazione, i tentativi di auto-miglioramento vengono dall'interno, quindi quando deciderai di cambiare, lo farai per te stesso e per nessun altro.

Aumentare la Consapevolezza

Aumentare la tua consapevolezza significa avere un livello più alto di attenzione quando si tratta di capire cosa sta succedendo nel tuo ambiente. Significa prestare molta attenzione a ciò che ti circonda e al modo in cui le persone si comportano intorno a te. Più alto è il tuo livello di consapevolezza, migliore sarà l'adattamento a ciò che ti circonda per comprendere le motivazioni delle persone con cui interagisci.

Quando diventerai più consapevole, sarai in grado di capire rapidamente quando le persone cercheranno di manipolarti. Molti di noi tendono a preoccuparsi dei propri pensieri tanto da non notare quasi mai i segnali delle persone con cui interiscono. Tendiamo a vivere la vita con il pilota automatico, quindi quando altre persone cercano di prendere il controllo delle nostre vite, ce ne accorgiamo solo quando è troppo tardi. Se aumenti la tua consapevolezza, sarai dotato delle abilità necessarie per identificare tutti i segnali di pericolo e sarai in grado di fermare la maggior parte dei manipolatori sulle loro tracce prima che possano farti danni reali.

Il primo passo per aumentare la tua consapevolezza è conoscere le tendenze delle persone manipolatrici. La lettura di questo libro ti darà un vantaggio: ora ne sai abbastanza per essere in grado di individuare le persone con cattive intenzioni, ma dovresti capire che i peggiori tipi di manipolatori sono molto bravi a nascondere le loro motivazioni, quindi devi continuare a lavorare per aumentare la tua consapevolezza.

Per essere veramente coscienti su chi siano le persone manipolatrici, devi affrontare tutte le interazioni con alcuni livelli di scetticismo. Non ti stiamo dicendo di trasformarti in una persona paranoica che non lascia entrare nessuno: stiamo solo dicendo che dovresti dare uno sguardo più approfondito a ogni persona con cui interagisci. Prova a studiare il loro linguaggio del corpo e le loro parole e prova a vedere se stanno cercando di nascondere qualcosa.

Oltre ad aumentare la tua consapevolezza, devi aumentare anche la tua autoconsapevolezza. Molte persone confondono queste due cose, ma sono concetti completamente diversi. La consapevolezza di sé riguarda la comprensione di se stessi. Si tratta di avere un concetto chiaro della propria personalità. Devi esaminare te stesso e capire quali sono i tuoi punti di forza e di debolezza, quali sono i tuoi valori e le tue motivazioni e che tipo di pensieri ed emozioni potresti avere in situazioni specifiche. La consapevolezza di sé ti aiuterà a capire chi sei e come le altre persone ti percepiscono.

La consapevolezza di sé funziona come difesa contro la manipolazione perché quando sai chi sei veramente, diventa più difficile per qualcuno alterare i tuoi pensieri e le tue percezioni. Se hai valori forti e ben articolati, diventerà più difficile per un manipolatore farti abbandonare quei valori. Le persone che non hanno una buona consapevolezza di sé hanno maggiori probabilità di subire il gaslighting o di essere sottoposte ad altre forme di controllo mentale.

Se finisci in una relazione con una persona manipolatrice, l'autoconsapevolezza potrà aiutarti a mantenere la tua identità. I manipolatori cercheranno di dirti cosa pensare e come comportarti, ma se sei consapevole di te stesso, sperimenterai una dissonanza cognitiva e il tuo cervello si opporrà a qualsiasi tentativo di manipolazione.

Distaccarsi con amore

Il distacco con amore è una difesa contro la manipolazione che funziona comunemente con persone che soffrono di problemi di abuso di sostanze. Anche se è stato concepito per aiutare le persone ad affrontare i tossicodipendenti, può funzionare anche quando si ha a che fare con i manipolatori.

Distaccarsi con amore significa mostrare amore e compassione per gli altri senza assumersi la responsabilità delle loro azioni. Ad esempio, se hai un familiare che è tossicodipendente, dovresti cercare di sostenerlo e incoraggiarlo a ripulirsi, ma anche lasciare che prenda le proprie decisioni e che subisca le conseguenze delle sue azioni. Se il tossicodipendente non torna a casa, non sprecare il tuo tempo a cercarlo nei quartieri più squallidi della città, rimani a casa e fai le cose che ti piacciono e ti rendono felice.

Lo scopo del distacco con amore è smettere di cercare di controllare la vita degli altri, anche se lo fai per il loro bene. L'idea è che tu accetta che le persone siano diverse da te e che abbiano il loro libero arbitrio.

Il distacco con amore può difenderti dalla manipolazione in molti modi. Ci sono manipolatori che vogliono sfruttarti rendendoti responsabile della loro vita. Abbiamo menzionato più volte nel libro che alcune persone malvagie assumeranno la posizione di sottomissione in una relazione perché vogliono che il tuo mondo ruoti attorno a loro. Vogliono che tu dia loro tutta la tua attenzione perchè è così che ti controllano.

Quando ti distacchi con amore, imparerai a smettere di risolvere i problemi di tutti. Quindi, quando il manipolatore cercherà di interpretarti per ottenere la tua simpatia, continuerai a fare tutto ciò che è nel tuo miglior interesse e gli dirai di assumersi la responsabilità delle proprie azioni.

Alcuni manipolatori possono assumere abitudini autodistruttive perché vogliono dominarti facendoti poi risolvere i problemi da loro creati. Quando lo fanno, puoi staccarti con amore lasciando che seguano i sentieri che hanno preso, indipendentemente da dove li conducano. Se ti fanno male, puoi allontanarti da loro, ma lascia la porta aperta. Se in futuro troveranno la strada giusta riprendendo il controllo delle proprie vite, puoi lasciarli entrare di nuovo. Devi rendere molto chiaro, attraverso le tue parole e le tue azioni, che lascerai che dirigano la propria vita e non ti assumerai alcuna responsabilità per loro.

Distaccarsi con amore significa accettare gli altri per quello che sono e rispettarli abbastanza da permettere loro di cambiare la propria vita. Quando ti senti responsabile per qualcuno che fa una scelta che danneggia entrambi, spesso reagirai con paura, rabbia o ansia. Per staccarti con amore, devi imparare a lasciar andare quelle emozioni negative.

I manipolatori contano sul fatto che reagirai in modo prevedibile alle loro macchinazioni, ma quando ti distacchi con amore imparerai a pensare al tuo ruolo nella vita dell'altra persona prima di intraprendere qualsiasi tipo di azione. Questo ti impedirà di cadere nelle trappole che i manipolatori ti prepareranno.

Distaccarsi con amore costruisce la tua autostima perché ti permette di anteporre i tuoi bisogni a quelli delle persone che cercheranno di manipolarti.

Costruire l'autostima

Puoi difenderti dalla manipolazione costruendo la tua autostima alla vecchia maniera: utilizzando tecniche di auto-aiuto. Le persone tendono a scartare le classiche tecniche di auto-aiuto, ma in realtà funzionano. Non risolveranno tutti i tuoi problemi, ma ti faranno sentire abbastanza sicuro e ti daranno la forza di resistere a molte forme di manipolazione.

La più antica tecnica di auto-aiuto è cercare di essere più gentile con se stessi. Ciò implicherà l'abbandono del pensiero negativo e le supposizioni che fai ogni giorno. Consisterà anche nel trattare te stesso come tratteresti un amico intimo.

Se un tuo amico avesse certe paure e dubbi e fosse venuto da te per un consiglio, proveresti a dirgli la verità, ma non saresti duro con lui. Allo stesso modo, dovresti abbracciare la tua realtà anche se è scomoda, ma non dovresti punirti anche se hai commesso degli errori. Anche quando le cose sono cupe, dovresti cercare di pensare cose positive su te stesso.

Dobbiamo tutti trarre forza da qualche parte. Ciò significa che se non cercherai di costruire la tua autostima, vorrai trovare fonti esterne di forza e motivazione. Ma il problema è che le persone avranno i propri interessi e programmi, e il tuo benessere non sarà sempre la loro più grande priorità. Quando cercherai forza da fonti esterne, ti aprirai alla manipolazione.

Puoi anche costruire la tua autostima evitando di confrontarti con altre persone perché i manipolatori sono molto bravi a depredare i tuoi desideri. Quando desideri qualcosa, i manipolatori vedranno un'opportunità per ottenere il controllo su di te. La maggior parte delle persone che finiscono per essere truffate, di solito, cadono nel tranello dei manipolatori perché sono accecate dai loro desideri e vogliono ciò che hanno gli altri.

Per costruire la tua autostima, devi fare le tue cose. Dovresti perseguire i tuoi interessi e creare i tuoi obiettivi evitando di vivere mai la tua vita misurandola con quella di qualcun altro. Questo è un modo infallibile per cancellare la tua autostima, introdurre emozioni negative nella tua vita e aprire la porta a tutti i tipi di predatori.

Puoi anche costruire la tua autostima facendo attenzione al tipo di compagnia che mantieni. Circondati di persone positive che ti rendono felice e cerca di stare lontano da coloro che sono costantemente negativi o da quelli che ti innervosiscono.

Puoi anche costruire la tua autostima facendo più sport. Gli studi dimostrano che quando facciamo esercizio siamo più motivati, più fiduciosi e ci sentiamo più padroni della nostra vita. L'allenamento fa sì che il nostro corpo rilasci ormoni del benessere, che possono aiutare a rafforzare la nostra autostima.

Cambiare le reazioni

Per difenderti dalla manipolazione, c'è una cosa importante che devi capire: l'unica persona che ha il comando sei tu. Non hai assolutamente alcun controllo su ciò che gli altri potrebbero dire o su come potrebbero agire. La tua reazione è l'unica cosa che è sotto il tuo controllo. Anche se sei una vittima e qualcuno limita notevolmente le tue scelte, alla fine della giornata, il potere di scegliere come agire o reagire è ancora sotto il tuo controllo.

Pensa a tutte le icone dei diritti civili che hai studiato a scuola: tutte queste persone sono state vittimizzate in un modo o nell'altro, ma ne sono usciti vincitori per il modo in cui hanno scelto di reagire a quella vittimizzazione. Quindi, per difendersi dalla manipolazione, devi cambiare il modo in cui reagisci alle parole e alle azioni dei manipolatori.

Per prima cosa, quando qualcuno fa qualcosa per farti innervosire, cerca di affrontare quella situazione con calma e razionalità. Concentrati sulla risoluzione del conflitto invece di discutere di chi sia la colpa. Quando reagisci con rabbia in risposta a un'accusa, starai giocando direttamente nella mano del manipolatore. Quando cambierai il modo in cui reagisci, creerai tu le regole del gioco a cui il manipolatore sta cercando di giocare, e questo ti impedirà di cadere nella sua trappola.

Non guidare mai con le tue emozioni. Invece, dovresti esercitarti a pensare le cose prima di reagire. In altre parole, invece di reagire istantaneamente, allenati a rispondere in modo calcolato. Quando qualcuno ti turba, evita di scatenarti con rabbia e cerca di capire quali siano le sue motivazioni. Puoi gestire le tue reazioni utilizzando le stesse tecniche utilizzate nella terapia di gestione della rabbia: fai un respiro profondo e valuta la situazione prima di parlare.

Può non sembrare così, ma il semplice atto di fare un respiro profondo può fare molto per centrarti e aiutarti a reagire meglio in qualsiasi situazione stressante. Quando fai un respiro, si pone una certa distanza tra la tua reazione e la situazione scatenante, e quella piccola finestra di tempo è sufficiente perché il tuo cervello rifletta sulle cose. E ciò ti aiuterà a dare una risposta migliore.

Devi anche capire che le cose hanno solo i significati che tu gli dai. Quando un manipolatore ti chiama per nome o ti urla con rabbia, spetta totalmente a te decidere se fartelo scivolare addosso o se interiorizzarlo.

Puoi cambiare la tua reazione cambiando le domande che ti vengono in mente quando ti trovi in una situazione negativa. Se qualcuno ti sta attaccando, le domande che ti vengono in mente potrebbero essere: perché lo sta facendo? Chi pensa di essere? Puoi provare a cambiare queste domande in modo da iniziare a pensare: come posso risolvere rapidamente questo problema? Come posso mantenere la mia dignità in questa situazione? Quando ti poni le domande giuste, hai maggiori possibilità di trovare un modo corretto di reagire.

Sii assertivo

Qualcuno può manipolarti con successo solo se non sei disposto a mantenere la tua posizione. Alcuni psicologi hanno sottolineato che essere assertivi è la via di mezzo tra l'essere passivi e l'essere aggressivi. Le persone aggressive maltrattano gli altri per ottenere ciò che vogliono e le persone passive lasciano che gli altri li calpestino. Le persone assertive, d'altra parte, sono forti e chiedono ciò che vogliono in modo deciso e diplomatico.

Quando sei assertivo, comunichi in modo rispettoso verso i bisogni, i sentimenti e le opinioni degli altri, ma sei risoluto nel sostenere i tuoi. Farai richieste ragionevoli cercando di evitare di violare i diritti degli altri. In caso di controversia, cercherai un compromesso oggettivamente equo per tutti. Traccerai confini chiari facendo sapere alle persone quando staranno attraversando quei confini.

L'aspetto più cruciale dell'assertività è essere un buon comunicatore. Le persone assertive hanno voci rilassate ma decise. Parlano fluentemente e sembrano sinceri. Quando devono lavorare con gli altri, sono cooperativi e contribuiscono in modo costruttivo. Non alzano la voce quando le cose si surriscaldano; rimangono saldi, incrollabili e immancabilmente logici.

Le persone assertive sono anche brave a usare segnali non verbali per comunicare in modo efficace e mantengono il contatto visivo con le persone con cui stanno parlando. Hanno posizioni del corpo aperte e una buona postura, che aiuta a proiettare forza e fiducia. Sorridono quando sono contenti e si accigliano quando sono scontenti.

Le persone assertive sono molto dirette e sanno quello che vogliono fin dall'inizio. Di conseguenza, è molto difficile manipolarli. Ai manipolatori piace usare giochi mentali e altri piccoli trucchi per nascondere le loro cattive intenzioni, ma le persone assertive taglieranno tutto ciò imponendo una comunicazione bidirezionale diretta e chiara. Quando le persone comuni sospettano di essere manipolate, possono tenere per sé quei sospetti, ma le persone assertive verranno fuori e chiederanno ai manipolatori quali sono le loro intenzioni: questo sbilancerà i manipolatori e costringendoli a fare marcia indietro o cambiare marcia.

Essere assertivi significa avere le capacità per comunicare sia con persone aggressive che con persone passive. Non lasciano che la rabbia o la paura impediscano loro di esprimere il loro punto di vista quando hanno a che fare con persone aggressive. Tuttavia, quando hanno a che fare con persone passive, non lasciano nemmeno che la mansuetudine degli altri li dissuada dal chiedere ciò a cui hanno diritto.
Le persone assertive sono anche ben in sintonia con le proprie emozioni. Quando sono arrabbiati, non lasciano che i propri sentimenti negativi li facciano deragliare dall'affermarsi in modo razionale.

Nutrirsi

L'idea che il cibo che mangiamo influenzi la nostra autostima esiste da molto tempo. Esistono molte prove scientifiche che mostrano una correlazione tra il tipo di cibo che mangiamo e i nostri livelli di fiducia, così come il nostro benessere mentale generale. Il cibo che mangi ha un effetto sul tuo umore, sui tuoi livelli di ansia e su come ti senti come persona.

Se ci manca il giusto equilibrio di sostanze nutritive nel nostro corpo, questo influirà sui livelli di alcuni ormoni e, di conseguenza, sperimenteremo un cambiamento nel nostro umore. Questo spiega perché tendiamo ad essere più attivi e stimolati quando consumiamo zucchero, caffè o cibi con alti livelli di carboidrati.

Alcuni ricercatori hanno scoperto che quando non riusciamo ad assumere abbastanza vitamine, acidi grassi e alcuni minerali e oli omega 3, potremmo sperimentare la depressione. A causa della loro capacità di tenere a bada la depressione, questi alimenti vengono definiti "cibi che stimolano l'umore".

I carboidrati vengono solitamente suddivisi in glucosio, che viene utilizzato come energia nel cervello e nei muscoli. Se non mangiamo abbastanza carboidrati, ci mancherà l'energia per concentrarci e per dare buoni giudizi, e questo potrà influenzare la nostra autostima e renderci più suscettibili alla manipolazione. Il rovescio della medaglia, mangiare molti carboidrati ci porterà ad aumentare di peso e questo potrà avere un effetto negativo sulla nostra autostima. Quindi, se il tuo obiettivo è l'autostima positiva, devi mangiare la giusta quantità di carboidrati: non escluderli dalla tua dieta, ma non esagerare con il loro consumo. Prova a mangiare carboidrati da fonti alimentari integrali invece che da fonti raffinate. I carboidrati non raffinati rilasciano energia lentamente e danno una spinta al tuo umore per un periodo di tempo più lungo, fornendo al contempo le fibre di cui hai bisogno.

Gli alimenti ricchi di acidi grassi omega-3 prevengono i malumori e possono aiutarti a evitare la depressione. Sulla base di ciò, alcuni scienziati hanno affermato che mangiare più pesce può aiutare a migliorare l' autostima. Quando pianifichi la tua dieta, assicurati di includere almeno una porzione di pesce a settimana.

Gli alimenti ricchi di vitamina B, come spinaci, broccoli, carne, uova e latticini, hanno la capacità di aumentare i tuoi livelli di energia e di migliorare il tuo umore, quindi possono contribuire a farti avere una visione più positiva. Fonti alimentari di vitamina D come uova, cereali e pesce azzurro possono aumentare i livelli di serotonina nel cervello e farti sentire bene con te stesso. Certo, puoi anche prendere vitamina D dal sole, quindi lasciar entrare la luce dalle finestre o fare una passeggiata fuori ogni tanto può essere un bene anche per la tua autostima.

Un eccesso di zucchero, troppa caffeina e una quantità elevata di alcol possono influire negativamente sulla tua autostima. Quando fai uno spuntino zuccherino, i livelli di zucchero nel sangue aumentano e ciò provoca un picco di energia, ma è solo momentaneo. Dopodiché, ti sentirai "cotto". Questo, combinato con il senso di colpa che deriva dal consumo di "calorie vuote" può smorzare il tuo umore e abbassare la tua autostima.

Anche la caffeina ha un effetto simile. Ti stimolerà per un momento e migliorerà il tuo umore, ma una volta che inizierà a svanire, il tuo umore peggiorerà.

L'alcol ha l'effetto di migliorare la tua autostima e abbassare le tue inibizioni, motivo per cui viene definito "lubrificante sociale". Tuttavia, è anche un depressivo, il che significa che ti farà sentire ansioso e irritabile il giorno successivo, e questo sarà un male per la tua autostima. Riducendo le tue inibizioni, l'alcol può anche renderti più suscettibile alla manipolazione.

Diventare autonomo e prendere il controllo

Per aumentare la tua autostima e diventare meno suscettibile alla manipolazione, devi diventare autonomo e prendere il controllo della tua stessa vita. I ricercatori hanno scoperto che l'autonomia è più strettamente correlata alla felicità di qualsiasi altro fattore là fuori. Le persone autonome tendono ad essere più soddisfatte di quelle ricche. Questo perché l'autonomia rappresenta il valore fondamentale che ci rende umani: la capacità di esercitare il libero arbitrio.

In molte scienze sociali, l'autonomia è definita come la qualità di essere in grado di prendere decisioni secondo il proprio libero arbitrio. Poiché siamo esseri sociali, si potrebbe sostenere che non abbiamo il libero arbitrio assoluto perché le cose che facciamo sono vincolate dalle regole delle società in cui viviamo. Ma l'autonomia ti rende in grado di fare le cose nonostante la presenza di pressioni interne o esterne. Per dirla semplicemente, l'autonomia è avere la propria identità ed essere l'unico che la controlla.

È molto facile perdere la tua autonomia quando hai una relazione con una persona controllante. Anche se fai parte di una coppia o di una famiglia, **autonomia** significa fare le cose perché vuoi farle e non perché ne sei obbligato. Significa che dovrebbe esserci una chiara distinzione tra te e il tuo partner e che ognuno dovrebbe avere i propri obiettivi e ambizioni, indipendentemente l'uno dall'altro. Se sei in una relazione in cui sei sottomesso all'altra persona, allora ti manca l'autonomia.

Per mantenere la tua autonomia e migliorare la tua autostima, fai molta attenzione alle persone che frequenti o con cui scegli di uscire. Anche se ti impegnerai con le persone, dovrai sapere in ogni momento quali sono i tuoi valori, cosa vuoi dalla vita e chi sei come persona. Dovrai mantenere quei valori fondamentali e dovrai diffidare da chiunque cercherà di farti scendere a compromessi su di essi.

Dovrai mantenere il controllo sulla tua vita: non importa quanto sia intrecciata con quella di qualcun altro. Se non riesci a definirti, qualcun altro lo farà per te, e allora diventerai la loro mera estensione. In altre parole, riusciranno a dominarti e controllarti completamente.

Puoi prendere il controllo della tua vita mettendo da parte un po' di tempo per te stesso. Va bene prenderti cura della tua famiglia, dei tuoi amici o del tuo partner, ma se lasci che abbiano tutto il tuo tempo, perderai il controllo e la tua identità scomparirà. Metti da parte un po' di tempo per te stesso e assicurati che tutti lo rispettino.

Dovrai anche tracciare confini personali chiari e imparare a dire "no" alle persone. Quando qualcuno ti chiederà di fare qualcosa, fai una valutazione oggettiva della richiesta: se non aggiungerà valore alla tua vita, allora rifiuta. Le persone manipolatrici vorranno trasformarti nel loro "fattorino", quindi dalla prima volta che incontrerai qualcuno, assicurati di non lasciare che ti usino.

Conclusione

Grazie per essere arrivato alla fine di *Psicologia Nera: Come riconoscere le tecniche di manipolazione mentale e analizzare il linguaggio del corpo per difenderti dalle persone tossiche e narcisiste. Impara a reagire ai manipolatori per ottenere il pieno controllo della tua vita.*

Spero che tu abbia imparato a capire come funzionano i manipolatori e cosa puoi fare per difenderti da loro in modo da poter riprendere il controllo della tua vita.

Il prossimo passo è iniziare a essere più proattivo nel modo in cui hai a che fare con i manipolatori e con le persone che hanno tratti di personalità oscura. Non aspettare di essere una vittima. Al contrario, dovresti utilizzare le informazioni che hai imparato qui per analizzare le persone con cui interagisci a casa, al lavoro e nei contesti sociali, in modo da avere una chiara comprensione delle loro intenzioni. Adesso puoi farlo, quindi non lasciare che i malintenzionati ti colgano alla sprovvista.

Se hai familiari o altre persone nella tua vita che ti hanno manipolato in modo continuativo, è tempo di porre fine a questa storia. Usa le tecniche di difesa che abbiamo discusso per respingere quelle persone in modo da poter essere ancora una volta l'autore del tuo destino e il padrone della tua stessa vita.

Ora che hai compreso tutte le tecniche di manipolazione là fuori, dovremmo sottolineare che hai la responsabilità di proteggere le persone nella tua vita. Se noti che qualcuno a cui tieni viene manipolato o vittimizzato, fai qualcosa a riguardo. Inoltre, non usare i tuoi poteri per il male: non utilizzare queste tecniche contro altre persone.

Infine, se hai trovato utile questo libro, la tua recensione su Amazon sarà molto apprezzata!

Dallo stesso autore Riccardo Savi:

CPSIA information can be obtained
at www.ICGtesting.com
Printed in the USA
BVHW061137190721
612309BV00003B/617